Ferdinand Rohrhirsch

Führen durch Persönlichkeit

Abschied von der Führungstechnik

2. Auflage

GABLER

Bibliografische Information der Deutschen Nationalbibliothek
Die Deutsche Nationalbibliothek verzeichnet diese Publikation in der
Deutschen Nationalbibliografie; detaillierte bibliografische Daten sind im Internet über
<http://dnb.d-nb.de> abrufbar.

1. Auflage 2002
2. Auflage 2011

Alle Rechte vorbehalten
© Gabler Verlag | Springer Fachmedien Wiesbaden GmbH 2011

Lektorat: Ulrike M. Vetter

Gabler Verlag ist eine Marke von Springer Fachmedien.
Springer Fachmedien ist Teil der Fachverlagsgruppe Springer Science+Business Media.
www.gabler.de

Umschlaggestaltung: KünkelLopka Medienentwicklung, Heidelberg
Gedruckt auf säurefreiem und chlorfrei gebleichtem Papier
Printed in Germany

ISBN 978-3-8349-2623-4

Ferdinand Rohrhirsch

Führen durch Persönlichkeit

Das Wesen des Einfachen und Selbstverständlichen ist es, dass es der eigentliche Ort für die Abgründigkeit der Welt ist.

Martin Heidegger, Einleitung in die Philosophie (Gesamtausgabe Bd. 27), Frankfurt am Main 1996, S. 50.

Das Personal wird als Mittel zur betrieblichen Zielerreichung eingesetzt. I. d. R. werden die ökonomischen Ziele den individuellen übergeordnet.

Fred G. Becker, Einführung in die betriebswirtschaftliche Personal- und Organisationslehre. In: Rolf Walter (Hrsg.), Wirtschaftswissenschaften. Eine Einführung, Paderborn u. a. 1997, S. 306-348, S. 308.

Handle so, dass du die Menschheit sowohl in deiner Person, als in der Person eines jeden anderen, jederzeit zugleich als Zweck, niemals bloß als Mittel brauchest.

Immanuel Kant, Grundlegung zur Metaphysik der Sitten, BA 66f.

Inhalt

Vorwort zur 2. Auflage 11

Überblick über das Buch 13

Brauchen Manager heute Philosophie? **25**

1. **„Selbstverständliches" Führungswissen
    verschwindet, dafür blühen
    die Philosophien im Menschenbild** **33**

Sie blühen in der alterslosen Gesellschaft,
in der Jugendlichkeit durch Technik sichergestellt wird .. 33
Konsequenzen für die Führungsfrage 42

Sie blühen in der Bildungsfrage,
in der Wissen durch Technik organisiert wird 44
Konsequenzen für die Führungsfrage 56

Sie blühen in transnationalen Lebensentwürfen,
in denen Nähe durch Technik hergestellt wird 57
Konsequenzen für die Führungsfrage 67

Das Ideal des Menschen ist ein Kind
von Lara Croft und Markus Koch 70

2. Führung ist machbar – meint man **77**

Machiavelli lässt grüßen – auch wenn er nur
bis Untertürkheim kommt 77

Konstruierte Wirklichkeiten – benötigen
konstruierte Führungseliten 81

3. Führung und Wissenschaft – weiß man **93**

Nicht der Leistungsträger ist maßgebend,
sondern seine Leistung 93

Egal, was der Leistungsträger ist,
Hauptsache motivierbar 98

Die Psychologie macht Wissenschaft
und den Menschen zum Objekt 101

Wer wissenschaftlich führen will,
verhindert Führung methodisch konsequent 103

4. Führung und Philosophie – staunt man **109**

Was ist Philosophie? 109

Ethik ist Philosophie! 121

Würde als Mehrwert? 128

Handeln ist nicht Machen! 141

5. Das Selbstverständliche gründlicher sehen 149

Sprache versammelt und lässt die Sache sehen 149

Gemeinschaften brauchen keine Sieger........................165

Gemeinschaftsentwicklung als Persönlichkeitsentwicklung. Oder: glaubt ihr nicht, so bleibt ihr nicht (am Beispiel HP) 169

6. Die Annahme der eigenen Begrenztheit ist der Anker für geglückte Führung 179

Eine trendgemäße Führungskraft muss anders sein – jedes Jahr 197

Anmerkungen 203
Literaturverzeichnis 211
Personenverzeichnis 219
Stichwortverzeichnis 221
Der Autor 228

9

Vorwort zur 2. Auflage

Seit der Erstveröffentlichung des Buches ist einige Zeit ins Land gegangen. Realistisch gesehen stand es nicht zu erwarten, dass eine weitere Auflage folgen würde. Zu „philosophisch" sind die enthaltenen Ausführungen. Umso mehr freute ich mich, dass es vom renommierten Gabler-Verlag veröffentlicht wurde.

„Führen durch Persönlichkeit" wurde für Menschen geschrieben, die in einer Führungsverantwortung stehen und in ihr mehr sehen, als ein bloß notwendiges Übel, das im Schlage eines „Trial and Error" – Denkens „gemanagt" werden kann. „Führen" wurde als Denkanregung konzipiert, für im Beruf stehende Menschen, die verstehen wollen, was sie tun, wenn sie führen, und deshalb nach Wesen, Aufgabe und Begriff vom Menschsein fragen, auch deshalb, weil sie erkannt haben, dass es bei Führung zunächst und wesentlich um sie selbst – die Führenden – geht.

Das Überraschende war, dass immer wieder, vereinzelt zwar, aber stetig, Rückmeldungen eingingen, die mir zeigten: die, die das Buch lesen, lesen es genau. Fast alle Anmerkungen waren sachlicher Natur und die Fragen, bzw. Anregungen waren stets konstruktiv und im eigenen Erleben fundiert.

Für mich selbst ist das Buch zu einer Art Basis geworden, auf die ich immer gerne verwiesen habe, wenn ich nach meinem Philosophie- bzw. Ethikverständnis gefragt wurde. Die in „Führung" behandelten philosophischen Grundfragen bilden nach wie vor die Grundlage meines Denkens, wenn die Fragen nach Führung, nach gelingendem Leben und Wirtschaft, im Sinne eines Für-einander-Leistens, angesprochen werden. Meine Veröffentlichung „Führung und Scheitern", die 2009 erschienen ist, fußt auf denselben Grundfragen und Überzeugungen, die in „Führen" erstmalig formuliert sind.

Die Gelegenheit, den Text für die 2. Auflage zu überarbeiten, habe ich gerne genutzt.

Zur Vorbereitung der ersten Auflage haben Frau Simone Albert und Frau Anni Lehenmeier die erste Fassung lesbar gemacht. Nichts desto trotz habe ich die Gelegenheit dankbar angenommen, den sprachlichen Ausdruck, die Gestaltung des Inhaltsverzeichnisses, Rechtschreibung und Grammatik, verbessern zu können.

Weil Grundlagen und -fragen der Führung angesprochen werden, dienten die wenigen Beispiele zur Illustration der angesprochenen Sachverhalte. Nach reiflicher Überlegung habe ich mich entschlossen, die ursprünglichen Beispiele im Buch zu belassen. Denn das ist mit ein Kennzeichen des Buches: Es fragt nach Grundlagen bzw. Grundzusammenhängen. Und Beispiele vermögen allenfalls – so Martin Heidegger – einer Sache bei zu spielen. Mehr jedoch vermögen sie nicht. Ändert sich wirklich etwas im Verständnis der Sache und in der Realität, wenn anstatt von Hartmut Mehdorn nun von Rüdiger Grube zu lesen wäre? Wer ein Beispiel verstanden hat, hat noch lange nicht die Sache verstanden, die mit seiner Hilfe illustriert werden soll.

In besonderer Weise habe ich Frau Ulrike M. Vetter vom Gabler-Verlag zu danken. Ihrer Sorge und Aufmerksamkeit, gepaart mit einem genauen Auge, ihrem Gespür für die „noch ein wenig bessere Formulierung", verdanke ich wieder einmal mehr als nur die Korrektur von Fehlern und die Optimierung von Sätzen.

Ferdinand Rohrhirsch

Überblick über das Buch

Was mit dem Wort Führung im Unternehmenskontext gemeint wird, scheint keiner großen Reflexion zu bedürfen.

Wie einer, der Führungsaufgaben wahrzunehmen hat, diese Aufgabe allerdings bewältigen kann, ja sie *erfolgreich* meistert, darüber gehen die Meinungen, die Ratschläge, die Tipps, die Tricks, die Konzepte, die Techniken auseinander. Die Bandbreite dehnt sich von den ultimativen Regeln „erfahrener Praktiker" bis hin zu wissenschaftlich fundierten motivationstheoretischen Konzepten ausgewiesener Experten. Warum also noch der Beitrag eines Philosophen zum Thema „Führung"? Als vorläufige Antwort: Ist es nicht sinnvoll bei der Suche nach Lösungen für ein grundlegendes Problem möglichst unterschiedliche Stimmen einzuholen, mit möglichst unterschiedlichen Perspektiven an das Problem heranzugehen? Schon darum, weil in versammelter Aufmerksamkeit stets mehr und Grundlegenderes gesehen werden kann. Wer aus verschiedenen Blickwinkeln über ein Problem nachdenkt und sich von ihm leiten lässt, der kann die Erfahrung machen, dass zusammen sehr viel mehr entdeckt und gesehen werden kann als das alleinige Nachdenken je gebracht hätte. Aber, wann wurde denn zum letzten Mal über ein Problem oder eine Aufgabe aus ungleicher Perspektive gemeinsam nachgedacht? Die Anwesenheit von mehreren Personen in einem Raum zur selben Zeit aus dem selben Grund bedeutet nicht notwendig Gemeinsamkeit bzw. gemeinsame Ausrichtung.

Wer das aber ist, der führt und geführt werden soll, diese Frage ist die selbstverständlichste und somit überflüssigste Frage von allen.

Diese Frage ist schon lange beantwortet. Woher der Mensch kommt, weiß jedermann, dazu braucht es keine Philosophie. Zudem muss nicht gewusst werden, was etwas ist, um zu wissen, wie es funktioniert. Das ist so trivial wie richtig und übersieht dabei das Nächstliegende. Im Nächstliegenden zeigt sich aber für das philosophische Nachdenken das Wesentliche.

Vollends zwielichtig wird das philosophische Nachdenken über Führung, wenn es zudem behauptet, dass es nichts anderes eröffnet als die *Erinnerung an das Selbstverständliche*. Das ist eine gewagte These, sowohl philosophisch wie auch in Hinsicht auf die potenzielle Auflagenhöhe dieses Buches. Wer will schon über das Selbstverständliche lesen, dazu noch nachdenken und dafür auch noch Zeit und Geld investieren? Was aber wäre, wenn das Selbstverständliche als das stets Übersehene sich tatsächlich als das Maßgebliche herausstellte? Wer Fortschritt will, dem wird öffentlich eingeflüstert, den Horizont in Blick zu nehmen. Verbleiben ist Stillstand und der bedeutet in hektischer Zeit stets Rückschritt. So wird um des Fortschritts willen, der auch immer als Problemlösung für nicht bewältigte Gegenwartsprobleme amtiert, das Nächstliegende als das vermeintlich Selbstverständliche beständig übersehen.

Wenn die Vorträge und Publikationen, die ich in den letzten Jahren gehört und gelesen habe, auf ihre grundlegenden Aussagen zurückgeführt werden, dann dreht sich die Frage nach der Führung im Kreis der jeweils rotierenden Unternehmensparadigmen von Organismus, Evolution, Chaos- und Komplexitätswissenschaften und aller davon möglichen Verhältnisbestimmungen. Die Führungsfragen zentrieren sich dann aus einem daraus abgeleiteten *Was* und *Wie*. Was braucht man und wie kann man es anwenden? Gelegentlich wird noch die Frage gestellt, was Führung heißt und wohin sie führen soll.

Die beständig übersehene, weil nächstliegende Frage müsste jedoch lauten: Was oder „Wer" ist denn der, um den es da geht? *Wer ist der, der führt, und wer ist der, der geführt wird?*

Eine besondere Motivation, die Analyse über Führung und Persönlichkeit öffentlich zu machen, verdanke ich zahlreichen und unterschiedlichst beruflich orientierten Gesprächspartnern. Die Spannbreite reicht von Führungsverantwortlichen aus der Chemie- und Nahrungsmittelbranche bis zu jungen Priestern der Diözese Eichstätt, die am Lehrstuhl Ethik gehört haben und in ihrer Kaplanszeit erste Führungsverantwortung wahrnehmen. Sie erstreckt sich von Lokführern des Fernverkehrs in Stuttgart und Ulm (darunter frühere Arbeitskollegen), die Führung wiederum aus der Perspektive der Geführten bzw. der „Gemanagten" erfahren und die permanent mit der Möglichkeit zu rechnen haben, zur Weiterverwertung in den „Gelben Sack" zu kommen. Sie reicht von Teilnehmern der Seminarveranstaltung zu den „Neue Informationstechnologien und ihre Herausforderungen" an der Hanns-Seidel-Stiftung (München) bis hin zu in Ausbildung und Fortbildung befindlichen Altenheim- und Krankenhausmitarbeitern/innen (Kinderkrankenschwestern, Stationsleitungen und Pflegedienstleitungen).

Die Bekanntschaft mit Einsichten und Kenntnissen von Personen aus so mannigfachen Berufsgruppen verringert die Gefahr von Bereichsdenken und spezialisierten Problemlösungsangeboten. Die Einsicht in die Vielfältigkeit öffnet den Blick für die Notwendigkeit auf grundlegende d. h. prinzipielle Strukturen. Mit anderen Worten: sie fordert die Reflexion auf das Wesentliche.

Aus der Basis dieser Erfahrungsbündel wurde für das Wintersemester 2001/2002 eine Vorlesung mit dem Titel *Ethik und Führung. Zum Menschenbild populärer Führungsliteratur und seine ethischen Konsequenzen* konzipiert und an der Katholischen Universität Eichstätt-Ingolstadt angeboten. Als Materialbasis dienten Publikationen, die die Frage nach der Führung in sehr unterschiedlicher Weise angehen und beantworten. Das Vorlesungsziel war nicht nur, die jeweiligen Führungsvorstellungen und Realisierungsvorschläge herauszuarbeiten, also, was jeweilig Führung heißt und wie sie verwirklicht werden kann. Mehr noch ging es darum, die in den sehr unterschiedlichen Aussagen zur Führung zugrundegelegten Annahmen über das Menschenbild aufzudecken.

Die Frage nach der Führung ist untrennbar mit der Frage nach dem Menschenbild verknüpft, und dieses fundiert alles Umgehen des Menschen mit sich selbst und mit anderen. Auf der Basis dieser Überzeugung sind die Ausführungen in diesem Buch zu lesen.

- Vergleichen und bewerten lässt sich nur mit einem Maßstab

Systematisieren, Vergleichen und Bewerten ist nur möglich auf der Basis eines Maßstabes. Den folgenden Ausführungen liegt das Philosophieren Martin Heideggers zugrunde. In seinem Philosophieren sehe ich das Selbst- und Weltverhältnis des Menschen und damit auch meine Fragen und Probleme hinsichtlich meiner Existenz ernst genommen und in radikaler Weise durchdacht. Ich spanne die Philosophie Heideggers vor den Karren der Führungsfrage. Ich weiß, was ich hier mache, und ich weiß, dass dieses Vorgehen aus fachphilosophischer Perspektive der Philosophie Martin Heideggers nicht gerecht wird. Weil es aber hier nicht um Heidegger geht, er aber in seiner lebenslangen Thematisierung der Seinsfrage grundlegende und zutreffende Aussagen zum Sein des Menschen gemacht hat, die im Rahmen der hier thematisierten Führungsfrage zur radikalen Perspektivenerweiterung beitragen können, ist von ihm oft direkt und indirekt die Rede.

Mit seinem Nachdenken gelingt es, die tatsächlichen Grundfragen der Führung wieder in ihren ursprünglichen Kontext zu stellen und von da aus die eigentlichen, d. h. die grundlegenden Fragen wieder ins rechte Licht zu rücken.

Fortschritt ist nur möglich im Rückgang auf die ursprünglichen Fragestellungen, und das ist etwas anderes als die Restaurierung des Vergangenen.

Was im Folgenden unter Philosophie verstanden wird, ist dem Philosophieverständnis Martin Heideggers nahe. Sein Verständnis von Philosophie ist nicht das einzig Mögliche. Für viele Fachphilosophen ist es antiquiert, obsolet oder sonst was. Es gibt, das ist in aller Deutlichkeit festzustellen, nicht *die* Philosophie. Wer aber der Philosophie immer noch die Aufgabe zuschreibt, die Differenz von Sein und Seiendem zu bedenken, der hat gute Gründe, sich mit Martin Heidegger zu beschäftigen. Anders formuliert: Wenn durch die Hereinnahme dieser Philosophie in der Frage nach der Führung eine Perspektivenerweiterung ermöglicht wird und damit eine Überprüfung der gängigen Vorstellungen von Führung ausgelöst wird, dann hat sie den Nachweis ihrer Nützlichkeit für diese Frage erbracht.

Damit wird nicht behauptet, dass Philosophie als solche nützlich sein *muss*. Wer das will, der müsste auch die Wesensbestimmungen der Wissenschaften am Maßstab der Nutzbarkeit ausrichten und messen. Nicht zu bestreiten ist allerdings, dass diese Tendenz bei der Bestimmung der Wissenschaften vorherrscht. Damit aber Wissenschaften und Philosophie gelegentlich nützlich sein können, dürfen sie nicht primär als nützliche bestimmt werden. Wer Allgemeinbildung am Maßstab einer Nutzbarkeit verrechnet, denkt ähnlich und zu kurz. Nur das Selbstständige kann echten Nutzen für anderes bringen. Es spricht nichts dagegen, dass Resultate, die aus dem Nachdenken der Philosophie stammen, für bestimmte Fragen innerhalb des alltäglichen Daseins hilfreich sein können.

Die Antwort auf die Frage nach dem Menschen ist keine erst kürzlich Gegebene. Sie liegt schon lange vor. Doch es lohnt sich, das Augenmerk auf sie zu richten. Wie die Frage jeweilig beantwortet wird, das zeigt sich im Alltäglichen, im Gewöhnlichen, im Selbstverständlichen. Das wird einen wesentlichen Charakter dieses Nachdenkens ausmachen, dass sich der Blick auf dieses Selbstverständliche richtet.

> Das Selbstverständliche ist der Weg, den die Führungsfrage einzuschlagen hat.

Das Selbstverständliche zum Thema zu machen ist nicht selbstverständlich. Die Thematisierung des Selbstverständlichen vermag jedoch zu zeigen, dass alle Führungsratgeber, Konzepte und Leitfäden auf Menschenbildern ruhen, die ganz bestimmte Konsequenzen einschließen. Schon diese Offenlegung könnte eine Hilfestellung bedeuten für jeden, der in seiner Mitarbeiterverantwortung sich den Problemen und Herausforderungen von Führung nicht verschließt und dem bewusst ist, dass Führung immer etwas mit seinem eigenen Selbst, mit seiner Persönlichkeit zu tun hat.

Zugegeben werden muss allerdings auch, dass die Frage nach dem Menschen in der Führungsthematik schon lange keine echte Frage mehr ist. Denn was der Mensch ist, das scheint sonnenklar: Er ist ein Evolutionsprodukt, ausgestattet mit der Eigenschaft Rationalität. Dieses mit Vernunft ausgestattete intelligente Lebewesen *(animal rationale)* vermag sich zu motivieren und es kann motiviert werden. Auch wenn diese Aussagen allesamt etwas Richtiges nennen, so bleibt doch darauf hinzuweisen, dass es bei der Frage nach dem Menschen nicht vorrangig darum geht, aus *was* er besteht und *wie* er sich verhält, sondern *wer* er ist. Anders formuliert: Möglicherweise sagt die Herkunft und die empirische Bestimmung seiner Eigenschaften gerade nichts Wesentliches über den Menschen aus. Vielleicht ist es ein folgenschweres Missverständnis – nicht nur vieler Führungsautoren – anzunehmen, dass es gar nicht notwendig ist zu wissen, wer der Mensch ist, sondern, dass es ausreicht, zu wissen, wie er funktioniert und aus welchen Bestandteilen er besteht.

Doch selbst wenn zugestanden wird, dass Führung nicht so gelernt werden kann wie Auto fahren, bedeutet das tatsächlich nach dem *Wesen* fragen zu müssen, und was heißt das überhaupt? Ist bei solchen Fragen überhaupt noch etwas beweisbar und damit kontrollierbar? Muss man die Führungsfrage so „philosophisch" machen? Geht es nicht doch einfacher? Nein, es geht nicht einfacher, gerade weil es um Führung geht.

Führung ist anspruchsvoll und bedeutsam. Sie ist es, weil es sich bei dem, der führt und bei dem, der sich als Geführter erfährt, um eine Begegnung von *Personen* handelt und nicht um die Interaktion von DNA-Komplexen oder um das Agieren komplexer Reizreaktionsmaschinen.

Die Beschäftigung mit der Philosophie als Anfrage an Selbstverständlichkeiten könnte die erneute Fragwürdigkeit überkommener „Allgemeinbildung" erzwingen. Wer – außer unser Vorurteil – verbürgt denn, dass das Wesentliche in diesem Sinne beweisbar ist? Philosophie hat etwas zu sagen, das die Menschen wesentlich angeht. Als nützliche hat sie es so zu sagen, dass es für Menschen an ihrem Ort und zu ihrer Zeit, in ihrem Lebenskontext verstehbar ist und als bedeutsam bewertet werden kann.

- Der mögliche Nutzen dieser Veröffentlichung

Wer ein Buch liest, verbindet damit bestimmte Absichten und Erwartungen. Damit dem Leser die Möglichkeit gegeben wird, zu erfahren, ob seine Erwartungen erfüllt werden, soll der mögliche Nutzen, der aus der Lektüre entspringen kann, thesenartig aufgelistet werden.

- Der Leser wird auf die in Führungsphilosophien enthaltenen prinzipiellen Voraussetzungen und ihren Konsequenzen aufmerksam gemacht.

- Die daraus erhöhte Sensibilisierung vergrößert den Kriterienkatalog, mit dem Seminare, Werkzeuge und Programme bewertet werden können, die Führungsqualitäten und Führungseigenschaften versprechen.

- Die Suche nach Unterstützung innerhalb des Entwicklungsganges zu einer Führungspersönlichkeit wird eingeschränkt auf Angebote, die das persönliche und kontinuierliche Gespräch in den Mittelpunkt einer Maßnahme stellen (wie z. B. Coaching).

- Bücher, die Führung mit Rezepten und methodischen Tricks versprechen, können guten Gewissens beiseite gelassen werden – das spart Zeit.

- Wer Mitarbeiter nicht durch alljährliche Führungstrends verunsichert, arbeitet sehr positiv am Betriebsklima. Auch gezieltes Unterlassen ist eine Handlung und gelegentlich eine sehr gute.

Der Nutzen des Buches ist nicht auf einen kurzen Effekt kalkuliert – gerade gegen diese Kurzzeiteffekte argumentiert es. Weil es Grundsätzliches behandelt, bedeutet es, dass zu seiner Lektüre – im Grunde aber jedes Buches – schon einige Eigenschaften in Anspruch genommen werden, die auch einer „Führungskraft" gut zu Gesicht stehen:

- Beharrlichkeit. Was wäre das für ein Buch, bei dem alles und jedes sofort eingängig und nachvollziehbar wäre? Es wäre das Geld und den Zeitaufwand nicht wert. Den Anspruch auf Sofortrationalität kann es doch im Ernst nicht geben. Auch dann nicht, wenn diese Erwartung, gerade in Zeiten immer kürzerer Halbwertszeiten des Wissens, immer mehr den Anschein des Plausiblen gewinnt.

- Aktiv mit der Möglichkeit des Missverständnisses rechnen. Damit ist gemeint, dass gerade die Sätze und Aussagen, die ohne Probleme gelesen werden können, die größte Gefahr des Missverstehens bergen. Bei jedem Gespräch im beruflichen und privaten Kontext zeigt es sich immer wieder: Die grundlegendsten Missverständnisse ereignen sich dort, wo alle glauben, sie reden vom Selben – dabei war es nicht einmal das Gleiche.

– Bereitschaft zur Relativierung visueller Vorstellungen bei Verstehensprozessen. Das klingt befremdlich und läuft gegen den Trend, in Bildern, Metaphern etc. zu „denken". Doch die Suche und das Ringen nach dem adäquaten sprachlichen Ausdruck machen erst das jeweilig Gemeinte, Gefühlte etc. zum Gedachten, zu dem, was tatsächlich einen Diskussionsbeitrag darstellt und worüber mit anderen diskutiert werden kann. Erst eine hinreichend genaue Formulierung lässt die Möglichkeit zu, sich der Sache anzunähern. Erst wenn die Sache begriffen ist, wird ein Einsatz von „Bildern" sinnvoll. Die Erläuterung durch ein Bild setzt die Kenntnis des Gültigkeitsrahmens voraus. Und dieser Gültigkeitsrahmen ist nicht mehr durch das Bild darstellbar. Die diskursive Aneignung eines Sachverhaltes schützt zudem vor der Meinung, dass durch das Verstehen des Bildes der Sachverhalt verstanden wäre, den das Bild „beschreibt". So ist es eben nicht.

Grundfragen führen in die Philosophie und die visuelle Sperrigkeit des Philosophierens ist kein Zufall. Das Reflektieren auf Prinzipien und Grundannahmen entzieht sich der Verbildlichung. Die Behauptung „ein Bild sagt mehr als tausend Worte" ist und bleibt falsch.

• Zum Aufbau des Buches

Seine Grundfrage lautet: Was zeichnet eine Führungskraft als Führungspersönlichkeit aus und welche Wege ermöglichen es, eine solche zu werden? Die grundlegende Unterstellung, mit der das Buch arbeitet, lautet: Jedem Führungskonzept ist ohne Ausnahme ein konkretes Menschenbild unterlegt. Wer also ernsthaft und nachvollziehbar von Führung reden will und dabei Führungskonzepte kritisiert, der muss dieses Menschenbild herausarbeiten.

- Das *erste Kapitel* dient der Herausarbeitung dieses Menschenbildes. Die dafür genutzten Beispiele Alter, Bildung und Beziehung dienen als Prismen, an denen besonders klar die Einflüsse des Menschenbildes auf die Vorstellungen von „richtiger" Führung erkennbar sind. *Die moderne Führungskraft ist das jeweilige Ideal des gerade dominierenden Menschenbildes.* Der Mensch als Ganzer bestimmt sich als verfügbares Objekt unter Objekten – damit wird Alter, Bildung und Beziehung planbar, machbar und beherrschbar.

- Das *zweite Kapitel* zeigt, dass der sich planende und planbare Mensch auch in den Führungspublikationen seine Heimat gefunden hat. Die moderne Führungspersönlichkeit ist machbar, ganz gleichgültig, ob sie den konventionellen Mustern folgt, in der Führung mit Machtzuwachs gleichgestellt wird oder Führende als täglich sich neu gestaltbare, multidimensionale Oberflächenidentitäten verstanden werden, bei denen die Frage nach ihrer Verwurzelung nicht mehr sinnvoll gestellt werden kann.

- Die Annahme, dass Führung tatsächlich machbar ist, kann sich auf die Wissenschaften bzw. auf ihr methodisches Vorgehen stützen. Das *dritte Kapitel* wird die dafür notwendige Unterstellung als Trugschluss aufweisen.

- *Führung ist nicht wissenschaftlich methodisch machbar.* Sie hat etwas mit *Personen* zu tun. Personen kommen in den empirischen Wissenschaften nicht vor – aber in der Philosophie! Mit Hilfe der Philosophie ist es möglich, auf Faktoren aufmerksam zu machen, die das, was eine Führungspersönlichkeit ausmacht, wesentlich kennzeichnen. Dazu dient das *vierte Kapitel*.

- Im *fünften Kapitel* wird *das* entscheidende Werkzeug und das letzte Ziel von Führung (Sprache und Gemeinschaft) thematisiert. Die Sprache ist das alles entscheidende Werkzeug einer Führungspersönlichkeit. Aber nicht als Mittel zur

Motivation, sondern zum Offenbaren der Sache. Der Führende ist der erste Geführte.

– Im *sechsten Kapitel* wird die Begrenztheit des Menschen als *das* entscheidende Kriterium für geglückte Führung behauptet. Das klingt befremdlich – aus der Sicht der Macher, die glauben, alles zu können und die anderen bestenfalls als Mittel zum Zweck nutzen. Letztlich vermag nur der beständig erfolgreich Führungsarbeit zu geben, der weiß, was er kann, und der sich angenommen hat als der, der er ist. Und der, der weiß was er kann, der weiß auch, was er alles nicht kann.

Da es sich bei dieser Veröffentlichung um keine wissenschaftliche Arbeit handelt, die daraufhin ausgerichtet ist, Nachvollziehbarkeit in formaler Hinsicht zu gewährleisten und dazu einen umfangreichen Literatur-, Fußnoten- und Zitationsapparat benötigt, sondern um die Darstellung einer Position in grundsätzlicher Hinsicht, werden lediglich Zitate gekennzeichnet und nachgewiesen.

Die vorgestellten Einsichten speisen sich aus vielen Quellen. Doch die Art und Weise der Zusammenführung, ihre Verhältnisbestimmung und die Orientierung des daraus entstandenen Flusses sind durch eigene Erfahrungen vollzogen, durch eigene Überzeugungen gedeutet und durch eigene Bewertungen gewichtet.

Brauchen Manager heute Philosophie?

Natürlich nicht, die sollen schauen, dass der Laden läuft, ihre Mannschaft spurt, die Produkte stimmen. Wozu da Philosophie? Alles, *was Manager (Führungskräfte) brauchen, sind gute Werkzeuge,* damit der Laden läuft, die Mannschaft spurt, die Produkte stimmen. Für diesen Zweck steht dem Manager ein ganzes Arsenal von Werkzeugen zur Verfügung. Innerhalb des Sortimentes gibt es spezielle Bereiche, die nur die Werkzeuge vorhalten, die die Führungskraft einsetzt, wenn sie es mit anderen Menschen zu tun hat. Und meist hat es der Manager mit anderen Menschen zu tun. Die anderen Menschen sind vorwiegend „seine" Mitarbeiter. (An dieser Stelle ist eine Differenzierung von Managern mit direkter und mittelbarer Personalverantwortung noch nicht erforderlich.) Diese gilt es seinem Selbstverständnis gemäß zu motivieren und zu Bestleistungen anzutreiben. Für diesen Zweck ist es gut, wenn er einige psychologische, soziologische und andere -logische Grundlagen und Abläufe kennt, die in menschlicher Kooperation auftreten können. Denn, wer diese kennt, kann sie kontrollieren und entsprechend den eigenen Zielvorstellungen produktiv handhaben.

Für dieses Vorhaben steht der Führungskraft eine ausgeprägte, hoch entwickelte Weiterbildungsindustrie zur Seite. Diese wird sich hüten, ihre Produkte in den Geruch des Philosophischen zu bringen. Denn „philosophisch" hat den Nachgeschmack des Theoretischen, Abstrakten oder formuliert in knallharten Wirtschaftskategorien: *Philosophie ist gut und recht, aber eben auch nutzlos.* Nutzlos zumindest für unsere augenblicklichen Probleme, für die jetzt geforderte „Neupositionierung am Markt", für die sofortige Reorganisation des Vertriebs, für meine derzeitigen Probleme mit Herrn Y.

Wir brauchen keine Philosophien, wir brauchen Rezepte, klare selbstverständliche Anleitungen, die *für* und *auf* unsere Probleme zugeschnitten sind. Konzepte, die keine langen Einführungsphasen benötigen und doch schnelle, „nachhaltige" Ergebnisse liefern.

> Manager brauchen keine Philosophie, was sie wirklich brauchen ist „professionelles und wirksames Management. Denn gefragt sind keine theoretischen Konzepte, sondern praxisnahe und effektive Lösungen." (Fredmund Malik, Führen, Rückseite der Taschenbuchausgabe)

Konzepte, Strategien, Anleitungen, Ratgeber und andere Hilfestellungen dieser Art findet der umsichtige und auf der Höhe der Zeit agierende Manager in speziell auf ihn ausgerichteten Veranstaltungen. Die Wirtschaftsjunioren Stuttgart etwa laden zu einem Vortrag über „Business – Feng Shui erleben" ein. Feng Shui wird als jahrtausende alte Lehre verstanden, die ihre Weisheit aus „Taoismus, Astronomie, Geologie, Wetterkunde und Ökologie schöpft." In der Ankündigung heißt es: „Ein Unternehmen lebt von strategischer Planung, Controlling ... und von den Menschen. Denn der unternehmerische Erfolg wächst mit der Leistungsfähigkeit und Motivation der Mitarbeiter. Feng Shui verbindet diesen Ansatz, indem es gezielt Energien verbindet, die die individuelle Leistungskraft fördern und für das ganzheitliche Wohlbefinden sorgen."

Einen wahren Basar unterschiedlichster Problemlösungskonzepte bieten Zeitschriften an. Der Ratsuchende findet z. B. im Weiterbildungsmagazin „managerSeminare" Workshops, Outdoor Training, Seminare, Tagungen und vieles mehr. Er hat die Wahl zwischen „Einführung in die Suggestopädie", „In fünf Tagen finden Sie Ihr persönliches Führungsprofil", „Führung mit rationaler und emotionaler Intelligenz", „Besser verstehen - besser verstanden werden" oder „Das Triogramm-Training. Menschenkenntnis für Gewinner". So geht es immer weiter, seitenweise.

Stets legt sich der Eindruck nahe, mit den angebotenen erlernbaren Fertigkeiten und Techniken lassen sich Führungs- und Motivationsprobleme wirkungsvoll und effizient lösen. Meist wird als das Problem die „untergebene", d. h. zu führende und motivierende Humanressource vorgestellt. Diese soll, ja muss zu Leistungssteigerungen motiviert werden.

Da die Erfahrung des erfolgreichen Managers immer wieder zeigt, dass das typische „Belegschaftsmitglied" doch eher durch die X-Theorie denn durch die Y-Theorie beschreibbar ist, also sich doch durch eine gewisse Arbeitsscheu und Trägheit auszeichnet, ist eine typengerechte Motivierungstechnik unumgänglich.

Damit auch noch die letzten Leistungsreserven aus der Humanressource herausgequetscht werden können, wird das Motivierungskonzept mit einem entsprechenden Bonus-System garniert. Auf diese Weise wird der Mitarbeiter wieder auf die Erfolgsspur zurückgebracht. So wird es gedacht und man glaubt daran.

Doch irgendwie ist das bei dem, der geführt werden soll, noch nicht so recht angekommen. Zumindest spurt er nicht so wie er soll. Vielleicht liegt es an der falschen Technik (nie an der Führungskraft selbst und schon gar nicht an unrealistischen Zielen oder an schon kaputtsanierten Abteilungen). Nein, schuld an der wieder einmal gründlich misslungenen Motivierungsoffensive, die stets eine Intensivierung der Widerstände gegenüber zukünftigen Motivierungsstrategien beinhaltet, war ganz einfach die falsche, nicht mehr aktuelle Methode oder Technik. Und, wurde nicht erst kürzlich über eine neue, sensationelle, wissenschaftlich erprobte Seminarform aus den USA berichtet, die die Motivierung messbar steigert – vielleicht hilft das. Und so zieht die Karawane weiter.

Selbstverständlich ist das ein Zerrbild und selbstverständlich hat das alles nichts mit Philosophie zu tun. Es hat nichts mit dem Menschenbild zu tun und nichts mit der Frage nach dem Wesen des Menschen. Baldur Kirchner ist, obwohl er wirkt, nicht sichtbar, und Reinhard

Sprenger ist nichts anderes als ein verirrter, vielleicht sogar verwirrter Zeitgenosse, weiter nichts.

> Wer aber dieses Urteil nicht teilen kann, zumindest erfahrungsgebundene Zweifel dagegen hegt, weil er schon zu viele Führungstrends kommen und gehen sah und selbst auf den einen oder anderen Hoffnung gesetzt hatte, den dieser dann doch nicht erfüllen konnte, für den ist es einen erneuten Versuch wert, nachzudenken, was wesentlich zu geglückter Führung gehört.

Der Stein der Weisen wird in der Führungsfrage schon lange gesucht. Nach der Zahl der Veröffentlichungen zu gehen und ihren Versprechungen zufolge scheint er auch immer häufiger gefunden worden zu sein. Ebenso sind die Turmbauer, die auf Geist oder Charisma bauen und dadurch den vollen Überblick haben, gut im Geschäft.

Das alles habe ich nicht im Angebot. Das Buch zeigt weder den Weg zum Stein der Weisen noch liefert es die Bauanleitung zu dem ultimativen Turm, auf den gestiegen werden kann, um dann von oben auf das gegenwärtige Gewimmel aktueller Führungsstrategien herabzusehen und aus der distanzierten Betrachtung mit Gewissheit und Sicherheit zu erkennen, was da unten alles falsch läuft. Ebenso wenig wird eine Technik gezeigt oder für sie geworben, mit der es gefahrlos möglich ist, Abenteuer zu bestreiten, Eroberungen zu machen, mit Drachen zu kämpfen, Schätze oder Schätzlein zu erobern und anschließend im Charisma des Leadership heimzukehren und all den Unwissenden, Ratlosen, Suchenden und Verzweifelten in diesem Führungsjammertal in messianischer Pose nun endgültig zu erklären, wo und wie es langgeht, – nein, leider, nichts von alledem.

> Ich verspreche Ihnen allerdings zu zeigen, dass es diesen, immer wieder in Aussicht gestellten Turm und diese Technik überhaupt nicht geben kann, und dass gerade der, der in Führungsfragen

auf Techniken, Rezepte, auf die 17 Regeln für den Karrieristen, auf die 48 Gesetze der Macht oder auf die 69 besten Methoden setzt, um im Job erfolgreich zu sein, unter Umständen Karriere machen kann, aber nie zur Führungspersönlichkeit reifen wird.

Die Führungskraft der Zukunft ist eine Führungspersönlichkeit, sie ist ein Gebildeter. Ein Karrierist kann keine Führungspersönlichkeit werden, weil diese nicht *gemacht* werden kann.

Was aber heißt Bildung und wie kann sie erlangt werden, wenn sie nicht gemacht werden kann?

Ein Hobby-Knipser bekommt den Auftrag, ein Unternehmen zu porträtieren. Die Präsentation seiner Ergebnisse wird in einer anerkannten Galerie durchgeführt. Er wird gefragt, in welcher Weise er sich auf diese Herausforderung vorbereiten will. Die Antwort besteht darin, dass er sich eine professionelle Mittelformatkamera, z. B. eine Hasselblad 6x6 zulegt. „Und sonst?", wird er gefragt. „Was denn noch? Eine bessere Kamera gibt es nicht", antwortet er. Recht hat er mit seiner Aussage und verfehlt doch seine Aufgabe wesentlich.

Nichts ist gegen dieses ausgezeichnete Photographenwerkzeug zu sagen, gegen die nützlichen Kurse, Seminare und workshops zu Rhetorik, Gesprächsführung, Konfliktmanagement etc. All das sind nützliche Werkzeuge, all das ist sinnvoll und kann unterstützend wirken im Rahmen seines Stellenwertes.

Die Bedeutung des Selbstverständlichen wie sein dauerndes Übersehen zeigt sich hier, in der völligen Abblendung einer durch die Zeiten gemachten, universellen Erfahrung:

Noch nie ist einer durch sein Werkzeug zum Meister geworden.

Analog der Aufgabe eines Nachdenkens über Führung und Persönlichkeit könnte in diesem Bild die Aufgabe darin bestehen, auf das aufmerksam zu machen, was in und mit dem Wort „Perspektive" ausgedrückt wird. Im Problemkreis der Perspektive wird das Problem zu Wort kommen, wie die Reduzierung einer Dimension so kompensiert werden kann, dass aus dem entstehenden Dimensionsverlust kein Sachverlust wird.

Einem Meister gelingt es, den vom technischen Medium erzwungenen Realitätsverlust (u.a. die Reduzierung von drei auf zwei Dimensionen) als Gestaltungsgewinn zu entdecken, der zur Erweiterung des Sachgehaltes des Abgebildeten nutzbar ist. Das, was Natur für den Menschen bedeutet, das kann unter Umständen in den Photographien von *Anselm Adams* sehr viel besser zur Offenbarung gelangen, als das eigene Sehen der Felsformationen des Grand Canyons innerhalb des organisierten Freizeitprogramms einer Geschäftsreise oder einer Drei-Wochen-Rundreise zu den schönsten Plätzen der USA.

Das Wissen um Perspektive ist ganz sicher kein Garant für angestrebte photographische Meisterschaft. Es führt jedoch, und das ist für das hier behandelte Problem von Belang, vom unmittelbaren Photographieren weg.

Das gilt auch in der Führungsfrage. Die Analyse über das, was eine Führungspersönlichkeit ausmacht, zeigt sich aus der Zielvorstellung betrachtet als Feldweg, der die ausgebauten Routen verlässt und große Umwege in Kauf nimmt. Er nimmt auch das Risiko vermeintlicher Holzwege auf sich, die gegangen werden müssen, um vielleicht ihre Gangbarkeit zu zeigen, zumeist jedoch um ihre Ungangbarkeit zu erfahren. So ist ja mit Recht zu fragen: Was hat die Führungsfrage mit der Frage nach dem Alter zu tun, mit der Frage nach dem Menschenbild, mit der Frage nach der Ethik etc.? Aber gerade diese Umwege, die sich vielfach kreuzen, verlaufen parallel und sich voneinander zu entfernen scheinen, alle diese Umwege verlassen die Führungsfrage nie und gewähren gerade deshalb im Umkreisen dieser einen Blickwinkel, der der alltäglichen Praxis stets verborgen bleibt und der sie so aber aus ihrem selbstverständlichen Licht zu reißen vermag.

Die Werkzeuge machen nicht den Meister, aber ein Meister kann mit Werkzeugen umgehen.

Die Frage wird sein: Worin besteht das Meister*sein* hinsichtlich von Führung? Was macht eine Führungspersönlichkeit aus?

1. „Selbstverständliches" Führungswissen verschwindet, dafür blühen die Philosophien im Menschenbild

Die Philosophien blühen in der alterslosen Gesellschaft, in der Jugendlichkeit durch Technik sichergestellt wird

• Wir verändern nicht die Umstände, wir verändern den Menschen.

Tina Turner, Iris Berben und Cher werden nicht älter, zumindest sehen sie immer gleich aus, jedenfalls im Fernsehen. Sophia Loren hält auch wacker dagegen. Nur Brigitte Bardot ist out, weil sie nichts gegen ihr Älterwerden getan hat. Rex Gildo hat sein Älterwerden nicht ausgehalten. Schon der Gedanke an das Alter weckt Befürchtungen. Es wird ein irgendwie defizitärer Zustand assoziiert. Dieser defizitäre Zustand wird für beide Bestandteile des Menschen festgestellt, sowohl für den mentalen Bereich als auch für den materiellen-körperlichen Bereich.

Die Folgen des Älterwerdens für den menschlichen Körper, vor allem die seiner Oberfläche, sind seit langer Zeit der Platz, an dem Jahr für Jahr dieselben sagenumwobenen Fortschritte verkündet werden, von einer Wissenschaft, wie sie aus der Werbung bekannt ist. Fortschritte werden bekannt gegeben, wie sie sonst nur noch den mittelalterlichen

Alchemisten gelangen, die behaupteten, aus wertlosen Elementen Gold machen zu können.

Jedes Jahr im Herbst verkündet Laborator Garnier die Revolution in der Kosmetik. Jedes Jahr empfehlen „Frauen und Männer, die es sich wert sind", etwas mehr Geld für Kosmetik und Pflegeprodukte auszugeben. Meist empfehlen das Frauen, eher Mädchen, die so jung und so attraktiv sind, dass es vollkommen rätselhaft bleibt, warum sie die Produkte überhaupt benutzen sollten, für die sie werben. Aber die sind ja auch für die anderen gedacht, die schon auf der Kippe stehen (um die 20), für diejenigen, die gekippt sind (alle über 30), für die gibt es dann Oil of Olaz. Attraktiv werden und bleiben durch Kosmetik, Pillen, Puder, Farben, Lacke ist eines.

Was aber machen, wenn die Nase zu lang, zu breit, der Busen zu klein, zu groß, die Haare zu wenig, der erwünschte Waschbrettbauch immer noch eher einer Kugel gleicht? Dafür gibt es Fitnessstudios, in denen es schon lange nicht mehr um Fitness, sondern um die blanke Existenz geht. Denn der Körper bestimmt das Sein, mindestens aber das Selbstbewusstsein. Und für schwere Fälle, und jeder Fall ist früher oder später ein schwerer Fall, gibt es die Schönheitsoperation: „Unter dem Titel ‚Body Sculpturing' schürt etwa die Frauenzeitschrift *Beauty life* die Angst, ohne Schönheitsoperation im Beruf nicht mehr zurechtzukommen: Die Attraktivitätsforschung hat es eindeutig belegt: Schöne Menschen haben es leichter, auf der Erfolgsleiter empor zu klettern, denn viele Unternehmen kalkulieren inzwischen beinhart mit den optischen Waffen: Die schlanke, ranke Managerin, der jugendlich straffe Manager repräsentieren das Unternehmen einfach besser. Und weil keiner so bleiben muss, wie er ist, kann heute jeder seinen Attraktivitätsfaktor mit Nadel und Skalpell einfach ‚upgraden'." (Posch, S. 170). Das Wort *upgraden* war ursprünglich in der Softwareindustrie zu Hause und bezeichnet eine verbesserte, fehlerbereinigte Version eines Programms. Die Benutzung des Wortes in diesem scheinbar fremden Kontext ist nicht zufällig.

Attraktivitätsverlust ist nur eine Seite des Alterns. Eine andere und die wichtigere ist Leistungsverlust. Leistung wird hier verstanden als das, was wirtschaftlich und politisch als solche anerkannt ist und überdies auch gemessen werden kann.[1] Auch die Alten, wollen sie ihren Wert behalten, müssen sich über die Paradigmen der Leistungsgesellschaft rechtfertigen – und wenn sie auch nur, vor nun doch schon geraumer Zeit, eine Tüten-Suppe für ihre Enkelkinder kochten, weil beide Eltern berufstätig waren. Nun, da die Alten immer weniger zu einer Familie gehören, müssen sie mindestens Sport treiben: Rad fahren, Bogenschießen oder „nur" Laufen, das aber, Dr. Strunz zuliebe „locker, lächelnd, leicht", und jeder vermag es durch die *Kraft der zwei Herzen*. Auch wenn es wider Erwarten nicht klappt, egal, entscheidend ist nur das Eine, dass die Alten so leistungsfähig bleiben *wollen* wie die Jungen, denn damit haben sie das Leistungsprinzip als Verbindliches anerkannt.

> Alter und Altern werden nicht von sich aus zu verstehen gesucht oder bewertet. Stets werden sie in direkte oder indirekte Beziehung zur Jugend gesetzt und diese, erfüllt damit die Funktion einer Kontrastfolie. Die Bezogenheit von Jugend und Alter stellt nur zwei ökonomisch relevante Aspekte des Jungseins in den Vordergrund: Attraktivität und Leistung; und beide Aspekte werden auf der Grundlage eines wirtschaftlich verwertbaren und messbaren Leistungs- und Wettbewerbsdenkens bewertet.

Die Überalterung einer Gesellschaft wird da zu einem Problem, wo die 45-Jährigen den Altersdurchschnitt eines Unternehmens merklich nach oben verschieben, wo geglaubt wird, dass Älterwerden und Altsein etwas mit Apathie, Lustlosigkeit, Leistungsverlust, kurzum mit all den Faktoren behaftet ist, die positiv gewendet gerade das auszeichnet, was Jugendlichkeit vermag, nämlich die ökonomischen Anforderungen einer modernen Gesellschaft in optimaler Weise zu erfüllen.

Nun ist überhaupt nicht zu bestreiten, dass der jugendliche Mensch gegenüber einem Älteren einige Vorteile aufzuweisen hat, vor allem in Hinsicht auf körperliche Leistungsfähigkeit. Mit guten Gründen ist jedoch davon abzuraten, eine Volkswirtschaft mit einem Leichtathletikwettbewerb gleichzusetzen. Und selbst wer eine Sportmetapher bevorzugt, könnte darauf aufmerksam werden, dass, je länger die Strecken werden, umso geringer die relevanten Altersunterschiede ins Gewicht fallen. Einen Marathonlauf wird nur der optimal abschließen können, der das körperliche Vermögen *und* die Erfahrung dazu hat, wie er *seinen* Lauf einzuteilen hat. Nicht nur das körperliche Vermögen ist von Bedeutung, sondern auch Selbsterkenntnis. Wer sagt denn, dass die umstrittene These, dass ein Unternehmen stets das Beste zu sein hat, wenn es langfristig überleben will, und seine Mitarbeiter stets die Besten zu sein haben, wenn es wirklich profitabel sein will, tatsächlich richtig ist? Was macht sich ein Unternehmen nicht alles kaputt, welches enorme Maß an Demotivierung leistet es sich, wenn es sich und seine Mitarbeiter in den Kategorien des Wettkampfs, des Siegens oder gar noch in Kategorien des Krieges beschreibt.

> „Man denke immer daran: ‚Ein Unternehmen befindet sich ständig in einem Kriegszustand'." (Füser, S. 4)[2].

Es ist kein Problem, jeden Bereich und jedes Moment eines Unternehmens und seiner Entwicklung als Situation innerhalb eines Kriegszustandes zu interpretieren, wie es auch möglich ist, alle persönlichen Lebenssituationen im Code eines Teilsystems, z. B. in ökonomischen Kategorien, zu beschreiben, um gemäß der Idee von Karl Homann, Familie als Form des Sozialkapitals und Heirat als Ressourcenzusammenlegung zu begreifen.[3] Auch lange Friedenszeiten können als Unterbrechung kämpferischer Handlungen innerhalb einer kriegerischen Auseinandersetzung gesehen werden.

Doch mit der Wahl einer wissenschaftlichen Methode sind die Strukturen der künftigen Ergebnisse festgelegt. Mit der Wahl von Metaphern sind intendierte Selbstzuschreibungen zur Verwirklichung vorgegeben. Die Sprache ist zu mächtig, als dass sie nur als Informationswerkzeug verstanden werden sollte (vgl. den Abschnitt über die Sprache).

Nicht von ungefähr hat eines der besten Bücher[4] zum Thema Führung in den letzten Jahren das Bild der *Bergbesteigung* gewählt. Bei einer Besteigung geht es zwar auch – analog der Kriegsmetapher – um Schnelligkeit und Überleben, aber innerhalb eines gänzlich unterschiedenen Verständnisses von Unternehmen. Ein Berg kann nicht besiegt werden, man kann ihn mit guter Vorbereitung (und immer *mit* anderen) besteigen, aber nie bezwingen. Im Besteigen bezwingt man sich selbst und nicht den Berg!

Eine Volkswirtschaft ist keine Ansammlung von Kombattanten oder ein sportlicher Wettbewerb. Sie benötigt Erfahrung, Kontinuität, Voraussicht. Und demnächst wird der Fall eintreten, dass keine jungen Leistungsträger mehr in ausreichender Zahl zur Verfügung stehen. Es steigt also die Notwendigkeit – wobei diese leider noch nicht als positive Gelegenheit wahrgenommen wird –, dass ältere Menschen länger im Wirtschaftsprozess gehalten oder sie sogar wieder in Wirtschaftsprozesse eingegliedert werden müssen.

Das ist keine Katastrophe. Es bedeutet lediglich eine Anfrage an herangezogene Selbstverständlichkeiten, nötigenfalls eine Umstellung eingefahrener Gewohnheiten. Mittlerweile werden die Senioren als Zielgruppe entdeckt.[5] Auch hier wird der optimale Zugang noch gesucht. Noch schwerer wird sie bei der Veränderung der Vorstellung fallen, dass Lernen stets etwas mit Kindern oder Jugendlichen zu tun hat. Warum können Berufsschulen nur in Verbindung mit Jugendlichen gedacht werden? Warum muss Weiterbildung methodisch am Lernverhalten Jugendlicher oder junger Erwachsener orientiert sein?

Doch anstatt Produktionsprozesse an das Alter des Menschen und seine jeweiligen Fähigkeiten anzupassen, wird der andere Weg beschritten, der schon lange gekannt wird und von dem auch gewusst werden könnte, dass er keine Lösung bringt. Aber weil wir schon auf diesem Weg sind, wird erwartet, dass wir auf eben diesem Weg zu Lösungen gelangen.

Zu fragen, ob wir überhaupt auf dem richtigen Weg sind, ist nicht statthaft. Denn zum Nachdenken bedarf es eines Innehaltens. Innehalten hat notwendig etwas mit Zeit (nehmen und lassen) zu tun. Sich Zeit nehmen bedeutet aber Stillstand – und Stillstand ist Rückschritt. Also volle Kraft den einmal eingeschlagenen Weg entlang. Bevor wir unsere Vorurteile aufgeben, Arbeitsbedingungen den älteren Menschen anpassen, mühevoll neue Lernkonzepte entwickeln, machen wir es umgekehrt. Wir passen – wie gehabt – den Menschen den Anforderungen der jeweiligen Zeit an.

Hier ist ein Menschenbild am Werk, das zäh und nahezu unsichtbar seine Kreise zieht. Der Mensch als Evolutionsprodukt und eingespannt in den Kreis der Biologie. Geboren werden, aufblühen = leistungsfähig sein, zu Grunde gehen; und die Vorform des Zugrundegehens ist das Alter.

Und bei diesem Vorgehen kennen wir uns aus und das Problem wird lösbar. Es ist – wieder einmal – die Technik, die das Problem des Alterns und die Probleme des Alters in Angriff nimmt. Es verkünden die Propagandisten des Computerzeitalters, die sich als eine Mischung von pragmatischen Propheten, Wissenschaftlern, Futurologen und Unternehmern verstehen (in Auswahl: Bill Gates, Steve Jobs, Ray Kurzweil), die Rettung des Menschen. Aber ande rs als wir es erwarten. Ein glorioser Aufgang eines neuen, goldenen Zeitalters der Selbstüberbietung menschlicher Vernunft wendet alles zum Guten.[6] Die Rettung des Menschen im Allgemeinen und die Restaurierung des alten Menschen im Besonderen geschieht und gelingt durch die Neuschaffung des Menschen.

• Wo die Gefahr wächst, wächst die Rechenkapazität auch.

Der Begründer der Computer-Firma Apple, Steve Jobs, hat sich schon vor längerer Zeit über ein neues, besseres Leben Gedanken gemacht. „Er [der Computer] wird in dem Sinne arbeiten, dass er vorab errät, was wir wollen, und es für uns erledigen. Er wird Verbindungen und Muster in unserem Handeln feststellen, wird uns fragen, ob es etwas ist, das wir regelmäßig tun möchten, so dass uns nur noch ... die Rolle eines Auslösers zufällt. Wir werden unsere Computer bitten können, Dinge für uns zu überwachen, und wenn bestimmte Bedingungen eintreten, dann werden die Computer bestimmte Aktionen durchführen und uns im nachhinein davon unterrichten."[7]

Regelmäßig berichtet auch die angesehene Fachzeitschrift *Ct* (Computertechnik) über den jeweiligen Stand des intelligenten Hauses. Solange einzelne Prototypen, bewohnt von begüterten Junggesellen, ganze Kellerräume an Verkabelungen und Schaltschränken erfordern, ist mit einer schnellen Durchdringung nicht zu rechnen. Das Haupthindernis liegt aber nicht darin, sondern in der völlig schwammigen Zielgruppenbestimmung der potenziellen Bewohner eines intelligenten Hauses. Solange in den Leistungsbeschreibungen, im Mehrwert gegenüber den traditionellen Wohnformen, stets die unvermeidliche Pizza genannt wird, die der leere Kühlschrank bestellen kann, solange muss man sich nicht wundern, dass eine der Hauptschwierigkeiten eines intelligenten Hauses, nämlich die Kompatibilität unzähliger elektrischer und elektronischer Haushaltskomponenten, noch gar nicht als entscheidendes Problem hinreichend breit diskutiert wird.

• Künstliche Intelligenz – befreit von den Problemen des Alterns

Eine Schraubendrehung radikaler als Steve Jobs hofft Pamela McCorduck, das Heim der Zukunft mit einem „Altenroboter" ausgestattet zu sehen, der die „Probleme des Alterns" lösen soll: „Der Altenroboter ist eine wunderbare Sache. ... Er badet sie nicht nur, füttert sie und rollt sie hinaus in die Sonne, wenn sie Sehnsucht nach frischer Luft haben und einmal etwas anderes sehen wollen, obwohl er dies natürlich auch alles kann. Das Allerbeste am Altenroboter ist, dass er *zuhört*. ‚Erzählen Sie mir noch einmal', sagt er, ‚wie wundervoll/schrecklich Ihre Kinder sind. Erzählen Sie mir noch einmal, wie Sie '63 den tollen Erfolg hatten ...' Und er meint es ernst. Er wird nie müde, die Geschichte zu hören, so, wie sie nie müde werden, sie zu erzählen. Er kennt Ihre Lieblingsgeschichten, und es sind auch die seinen."[8]

Aber warum überhaupt Alte pflegen? Ray Kurzweil sieht die Sache konsequenter: „In etwa zehn Jahren wird die Biotechnologie in der Lage sein, die menschliche Lebenserwartung jährlich um ein Jahr zu verlängern. Später ermöglicht uns die Nanotechnologie dann, Organe und Körperteile Molekül für Molekül zu reparieren und neu zusammenzubauen. Damit sind der Lebenserwartung praktisch keine Grenzen mehr gesetzt."[9] Wer Moleküle bearbeiten kann, kann auch unser Aussehen verändern. Wir können dann an Jahren alt werden und immer noch so aussehen, wie wir in unserer Jugend einmal ausgesehen haben. Wir können aber auch so aussehen, wie wir in unserer Jugend gerne ausgesehen hätten. Wie wir gerne aussehen würden, hängt davon ab, welches Ideal von Attraktivität gerade gängig ist. Es bedarf keiner Prophetenkunst, sich das Szenario auszumalen das – mit der Berufung auf Individualität – auf eine große Entindividualisierung des Aussehens hinausläuft: Es wird unzählig viele Claudia Schiffers, Brad Pitts, Gils, Naomi Campbells oder Kate Moss' geben. (Diese Aufzählung ist stets veraltet, wobei geeigneter Ersatz sicher kein Problem ist.) Wer Moleküle bearbeiten kann, kann auch unsere intellektuellen Fähigkeiten verbessern bzw. gezielt dafür sorgen, dass diese nicht durch körperliche Defizite bzw. Ausfallserscheinungen beeinträchtigt werden. Wenn also Denken und Bewusstsein nichts anderes sind als Produkte des Gehirns, dann ist es nur noch ein kleiner Schritt zum Neuroimplantat und alle Demenzproblematik ist vom Tisch.

• Künstliche Intelligenz – befreit den Geist vom Körper

Was uns z. B. nach Ansicht eines der Hardliner der Robotikforschung, Hans Moravec, blüht, ist der Übergang von der biologischen zur „postbiologischen" Kultur, nämlich vom mäßig intelligenten Menschen zum superintelligenten Computer. Früher oder später – so Moravec – werden unsere Maschinen so klug sein, dass sie sich ohne fremde Hilfe instandhalten, reproduzieren und vervollkommnen können. Sobald dies der Fall ist, wird seiner Meinung nach die neue genetische Wachablösung abgeschlossen sein. Unsere Kultur wird dann in der Lage sein, sich unabhängig von der menschlichen Biologie und ihren Grenzen zu entwickeln. Damit wird dem Geist endgültig die Fessel des biologischen Körpers abgestreift werden, der uns doch nur das Dasein eines „unglücklichen Zwitterwesens, halb Biologie, halb Kultur erlaubt."[10] „Die Roboter speichern uns in ihrem Gedächtnis, und wir existieren als eine Art Simulation weiter."[11] Damit sind wir (besser formuliert: wären wir) von Aids, Krebs, Demenz und den sonstigen Ärgernissen des körperlichen Lebens befreit, räumliche und zeitliche Barrieren gelten nicht mehr, und auch der Tod wird nicht mehr sein. Falsch. Auch Software – und anderes sind wir dann nicht – wird nur dann nicht sterben, wenn sie einen ökonomischen Wert hat. „Heute sterben wir, wenn unsere Hardware zusammenbricht. Wir werden an einen Punkt kommen, an dem das Überleben unserer ‚mind-file' nicht mehr von der Hardware abhängt. ... Gepflegt wird Software aber nur, wenn sie einen Wert hat. Ohne Wert wird sie obsolet, stürzt ab und stirbt."[12]

Ob wir uns das gefallen lassen müssen, das ist für Ray Kurzweil keine Frage. „Ich glaube nicht, dass wir eine Wahl haben. Einmal liegt dies in der Natur von Auslese und ökonomischem Wettbewerb. Zum anderen in der Natur von Technologie. Seit wir Menschen Technologie nutzen, schaffen wir uns die Welt neu. Das ist wie ein vorgezeichneter Pfad und wird immer so weitergehen." (Kurzweil 1999, S. 7).

Hier soll es nicht weiter darum gehen, wie diese Computer-Träume oder Albträume zu bewerten sind, sondern hier stellt sich im Zusammenhang des Nachdenkens über Führung die Frage: Welches Menschenbild steckt einerseits in dieser Verherrlichung des Jungseins und in der Dämonisierung des Alters und andererseits im technologischen Machbarkeitsglauben, der ernsthaft annimmt, das Altern des Menschen technologisch bekämpfen zu können? Und welche Konsequenzen hat dies auf die Vorstellung von Führung bzw. Führungsprozessen?

Konsequenzen für die Führungsfrage

Durch die negative Bewertung des Alters verschwindet ein ganzes Feld ursprünglich positiv besetzter Lebenserfahrung. Denn genau die Worte, die solche Werte des Alters signalisierten, wie Erfahrungszuwachs, Weisheit, Güte, Gelassenheit werden nun als Indikatoren einer längst vergangenen Welt gewertet, die in unserer Gesellschaft allenfalls in romantischen oder alternativ religiösen (Werbe-)Kontexten zu verwenden erlaubt sind. Oder aber diese Worte werden gleich ökonomisch gefüllt: aus den *Weisen aus dem Morgenland*, aus den Heiligen drei Königen, die dem Stern folgten, werden die *Fünf Weisen*, die der Konjunktur und einem anderen Stern folgen und Magiern gleich das Wirtschaftswachstum des nächsten Jahres prognostizieren.

Die Psychologin Angelika Wagner-Link beschreibt unter den Oberbegriffen Erfahrung, Selbstkompetenz und soziale Kompetenz die „Vorteile" des Alters (50+). Dazu gehören ein ausgebildetes Fach- und Allgemeinwissen, Branchenkenntnis, die Beherrschung der kommunikativen Infrastruktur des Unternehmens, ausgeprägter Realitätssinn und eine bessere Übersicht.

Hinsichtlich ihrer Selbsterkenntnis zeichnen sich Ältere dadurch aus, dass sie ihre Fähigkeiten zutreffender einschätzen können, Konzentration auf die wesentlichen Kernkompetenzen, Gelassenheit und mehr Zufriedenheit mit sich selbst und eine bessere Selbstkontrolle besitzen.[13] Erfahrung, Gelassenheit, vor allem Selbstkontrolle sind für Führung konstitutive Momente, auf die nicht verzichtet werden kann.

Es muss nicht behauptet werden, dass diese Vermögen Jugendlichen bzw. jungen Erwachsenen prinzipiell nicht zukommen können. Aber das, was einen langjährigen, in die Sache eingearbeiteten Geschäftsführer auszeichnet oder einen Volkswirt, der innerhalb seines Unternehmens sich fachlich und persönlich weiterqualifiziert hat und gleichwohl sein Haus nicht mit den Grenzen seiner Welt identifiziert, der kann ein „Führungswissen" erwerben, das sich nicht am Simulator oder an renommierten Wirtschaftsinstituten lernen lässt. Schon darum, weil zum wesentlichen Wissen, – und Führungswissen ist wesentliches Wissen, – Geschichte gehört.[14] Das, was diesen Wissensvorsprung signalisiert, ist, dass er gegen Operationalisierungsversuche resistent ist und sprachlich meist diffus und mit Allgemeinplätzen umschrieben werden muss. Die Begründung für diesen Sachverhalt liegt darin, dass dieses „Wissen" nicht mehr von der Person selbst trennbar ist.

Man erwirbt nicht Führungseigenschaften, sondern bildet diese aus. Das benötigt Zeit.

Die Erfahrung, die ein Mensch im Verlauf seiner Begegnung mit der Welt gewonnen hat, schlägt sich im und vielleicht sogar als Alter nieder. Alter muss nicht notwendig im Paradigma der Biologie gesehen werden als Entstehen, Ausbilden und Vergehen – das zeigen schon die unterschiedlichen Bewertungen des Alters in unterschiedlichen Kulturen. Das Paradigma des Alters hinsichtlich seines *Wertes* gegenüber anderen Stadien des menschlichen Lebens ist auch da ein anderes, wo antike Schriftsteller auf die körperlichen Gebrechen des Alters hinweisen.

Alter kann auch als Resultat der Auseinandersetzung des Menschen mit anderen, der Welt und das heißt stets mit sich selbst verstanden werden. Nur wer sich selbst kennt bzw. zulässt und entschließt, dass er sich durch sein Selbst (nicht sein Ich) bestimmt, hat die Chance, andere hinsichtlich ihrer Vermögen einzuschätzen und zu beurteilen, d. h. sie entsprechend ihren Fähigkeiten zu fördern und zu fordern.

Das ist etwas, was man im Sinne einer Handlungstechnik weder lernen noch lehren kann und doch gibt es eine Schule (das Leben selbst), in der sich diese Erfahrung ausbildet, dass wir existieren, nicht durch die Dinge, die wir machen, sondern durch das Dasein, das wir sind. (Vgl. Drewermann, S. 70). Diese Einsicht kann man versuchen anzunehmen, man kann sie aber auch ignorieren.

Die Philosophien blühen in der Bildungsfrage, in der Wissen durch Technik organisiert wird

„Die Fähigkeit zur Nutzung des Internet wird so wichtig wie Lesen und Schreiben." Internet für alle. 18. September 2000. Quelle: Presse- und Informationsamt der Bundesregierung Nr. 437/ 00).[15]

Unvergessen der Erstkontakt mit einem Referenten einer Unternehmensberatung im Sommer 1999 bei einem Vortrag zu den Neuen Informationstechnologien. Ein Power(point)feuerwerk aus Diagrammen, Tabellen und Zahlen wurde abgebrannt. Eine goldene Zeit kündigte ihr Kommen am Horizont an, ja sie ist schon mitten unter uns. Doch die Mahnung folgte auf dem Fuß: Der Novize, der Eintritt begehrt in das Land, wo Information und Reichtum fließen, hat sich würdig zu erweisen des Eintritts. Die Mühen des Zutritts sind groß, doch der Erfolg und der Nutzen werden ausgegossen in reichem, überquellendem und nie versiegendem Maße. Man zögere also nicht, bald werden sich die Tore des virtuellen Paradieses wieder schließen, bald ist der Zug abgefahren, doch noch ist es nicht zu spät. Beim Evangelisten Matthäus heißt es: Wer glaubt und sich taufen lässt wird gerettet werden. Für die Wissensgesellschaft des Jahres 2000 galt: Wer einen Internetanschluss hat und surft, darf auf Aufnahme in die Wissensgesellschaft hoffen.

Es folgten Wehe-Rufe über die Warner, Zögerer und Bedächtigen gegenüber den neuen Technologien. Berühmte Männer und ihre grandios falschen Prognosen wurden erwähnt, darunter eine von Ex-IBM Chef Thomas J. Watson, der 1943 gesagt hatte: „Ich glaube, auf dem Weltmarkt besteht Bedarf für fünf Computer, nicht mehr" (nach Füser, S. 32). Da war die Verwunderung ob dieser krassen Fehleinschätzung im Hörsaal groß – und der Gesandte der Wissensgesellschaft hatte leichtes Spiel mit uns Unwissenden und noch Ungläubigen.

Dem Referenten, der mir so eindrücklich im Gedächtnis geblieben ist, habe ich es zu verdanken, dass ich seither den Unterschied zwischen Information und Wissen gut illustrieren kann. Er hat uns – die Hörenden – mit Meinungen versorgt, was „man" jetzt so denkt bzw. zu denken hat und das Ganze mit ein paar darauf abgestimmten Datenhäppchen garniert. Wissen aber ist etwas anderes.

• Die Wissensgesellschaft und ihre Bildung

Der Übergang von der Industriegesellschaft zur Wissensgesellschaft wurde vom ehemaligen Bildungsminister Jürgen Rüttgers folgendermaßen charakterisiert. Die Wissensgesellschaft zeichnet sich dadurch aus, dass Wissen

- zu jeder Zeit und an jedem Ort zugänglich ist bzw. zu machen ist;
- weltweit entsteht auf diesem Wege ein riesiges Wissensmeer und
- dieses Wissen muss bewältigbar sein durch die elektronischen Medien. [16]

Daraus folgt für ihn und viele andere aus Politik und Wirtschaft, dass die Schule vorrangig darauf orientiert werden muss, mit Wissen und seiner Verarbeitung umzugehen.[17] Medienkompetenz und Bildung sind zukünftig nicht irgendwelche, sondern die Schlüsselqualifikationen für jeden, der im Wettbewerb bestehen will. Wenn Medienkompetenz und Bildung gerichtet sind auf die Einübung von Mitverantwortung sich selbst gegenüber und der Gesellschaft, und diese immer mehr in elektronischer Form geschieht, dann muss auch die Schule als Ort der Bildung die Lebenswirklichkeit der neuen Medien widerspiegeln. „Die neuen Medien werden in allen Formen und auf allen Stufen unseres Bildungswesens Inhalte und Abläufe wesentlich verändern." (Edelgard Bulmahn, Rede auf dem Bildungskongress der Bertelsmann-Stiftung am 13. 04. 1999).

Hymnen an die neuen Informationstechnologien finden sich in den „Empfehlungen zur Erneuerung des Bildungswesens"[18] unter der Schirmherrschaft des ehemaligen Bundespräsidenten Roman Herzog, von der Bertelsmann Stiftung 1999 herausgegeben. Darin heißt es:

> „Internet und Multimedia schaffen Bildungs- und Erfahrungs-möglichkeiten neuer Qualität. Wurde Wissen in der traditionel-len Bildung über einzelne Medien – vor allem über das Buch – transportiert, so potenzieren die neuen Technologien in ihrer Vieldimensionalität die Möglichkeiten jedes Mediums und er-reichen durch Synergien und Vernetzung einen Quantensprung in der Wissensvermittlung." (Empfehlungen, S. 39).

> „Grundlage aller Bildung und lebenslangen Lernens ist die si-chere Beherrschung der Kulturtechniken, zu denen traditionell Lesen, Schreiben und Rechnen gehören. ... Als neue Grund-kompetenz muss in der Wissensgesellschaft die Medienkom-petenz hinzutreten" (Empfehlungen, S. 35f.).

> Unübertroffen aber die Aussage in den „10 Schritten auf dem Weg in die Informationsgesellschaft". Wie schon zitiert lautet der erste Schritt: *„Die Fähigkeit zur Nutzung des Internet wird so wichtig wie Lesen und Schreiben."*

Werden die Sprachhülsen abgekehrt, dann zeigt sich das eigentliche und altbekannte Problem, das hinter der Frage nach „Medienkompe-tenz" steckt. *Was ist Bildung* und wie kann sie ermöglicht werden?

• Von der Information zum Wissen

Fakten, Informationen und Daten kommen darin überein, dass sie zu einem Wissen gehören können, selbst aber noch kein Wissen bilden. Wer „weiß", dass die Einwohnerzahl von Stuttgart „so und so viel" beträgt, wer weiß, wo Egweil liegt, wer weiß, dass der Verkehr im letzten Jahr um „so und so viel" Prozent zugenommen hat, der „weiß" schon was, und die Form dieser Informationsbeherrschung lässt sich unendlich steigern. Es gibt Menschen, die ganze Kursbücher oder Telefonverzeichnisse aufsagen können. Das ist bewundernswert, und wer solches kann, der hat auch Chancen, bei Günter Jauch[19] zum Millionär zu werden oder im ZDF bei Thomas Gottschalk in „Wetten, dass ...?" aufzutreten. Doch: Wer vieles „weiß", hat nicht notwendig ein Wissen.

> Wer Kenntnisse hat, und seien sich noch so reichhaltig, wer Kenntnisse des Wichtigsten hat und sei es noch so lebensnah, hat immer noch kein Wissen. Er wird „trotzdem angesichts der wirklichen Wirklichkeit, die immer anders ist als das, was der Spießbürger unter Lebens- und Wirklichkeitsnähe versteht, ratlos sein und notwendig ein Pfuscher werden." (Heidegger, GA 40, S. 24).

Etwas wird gewusst, wenn Gründe angegeben werden können, wie es zu einer bestimmten Situation oder einem bestimmten Sachverhalt gekommen ist. Wer etwas weiß, weiß nie nur die Sache selbst, sondern kennt ihre Hintergründe, ihre Bedingungen und ihre Entstehungsgeschichte. Wissen ermöglicht eine Bewertung von Fakten, Wissen gibt die Möglichkeit Fakten mit Bedeutung zu versehen. Das bedeutet:

> Wissen reduziert sich niemals auf das Kennen bloßer Tatsachen oder Informationen, sondern erklärt und bewertet sie. Wissen hat etwas mit ethisch-moralischen Überzeugungen bzw. Bewertungen von Menschen zu tun.

Nur wenn gewusst wird, wie es zu einer Situation oder einer Annahme gekommen ist, ihre Wurzeln und grundsätzlichen Denkmuster erkannt sind, die zu dieser Situation geführt haben, ist überhaupt die Chance zu grundlegenden und beständigen Veränderungen gegeben, im Gegensatz zu oberflächlichem Aktionismus.

• Medienkompetenz ist ein Element von Bildung

Medienkompetenz lässt sich als spezialisierte Handlungskompetenz des Bildungsvermögens begreifen. Wenn Medienkompetenz Wissen beherrschbar machen soll, dann hat das darin seinen Zweck, dass wir mittels unseres Wissens Verantwortung qualifiziert in der Praxis vollziehen und übernehmen können. Wissensaneignung und -beherrschung ist normalerweise kein Selbstzweck. Sie dient und nützt dazu, das menschliche Leben nach menschlichen Maßstäben zu führen und an einer humanen Bewältigung menschlicher Probleme zu arbeiten.

Die Frage nach der Verarbeitung unseres Wissens ist nicht Grund-, sondern Folgefrage. Zu fragen ist vorrangig: Was heißt denn überhaupt Bildung und wie lässt sich unter den heutigen Bedingungen, und zu diesen gehören nun einmal die elektronischen Medien, wie lässt sich da Bildung ermöglichen?

Aus dieser Perspektive ist es ist für mich nicht nachvollziehbar, wenn ernsthaft gefordert wird, dass in der Wissensgesellschaft neben den Kulturtechniken Lesen, Schreiben und Rechnen Medienkompetenz als neue Grundkompetenz hinzutreten soll.

Dass sich Hard- und Softwareindustrie über solche Gleichstellungen freuen, das ist mehr als nachvollziehbar. Da, wo aber Politiker, die Grundlagenentscheidungen zu treffen haben, die das Gesamt der Bevölkerung berühren, sich willig vor den Karren einiger Großkonzerne spannen lassen, wird diese Sache bedenklich. Gut gemeinte Bildungsbemühungen werden durch diesen finanziell extrem aufwendigen Aktionismus in ihr Gegenteil verkehrt. Es ist zu vermuten, dass nicht nur politische Entscheidungsträger annehmen, dass Bildung mit der Fähigkeit zur Produktion, Sammlung, Anhäufung und Umschichtung von Information und Wissen gleichzusetzen ist.

Bildung ist nicht das Haben von Information, Bildung ist aber auch nicht nur die Summierung von Wissen. Bildung ermöglicht es, Wissen in konkreten Situationen anzuwenden und in konkreten Problemzusammenhängen neue Wissenszusammenhänge zu produzieren. In diesem Zusammenhang ist Medienkompetenz nichts anderes, als das spezialisierte Vermögen, d. h. Fähigkeit zur Bildung der Person innerhalb eines bestimmten Anwendungsbereiches, um alle zur Verfügung stehenden Wissensquellen in eine verantwortliche Wissenserzeugung einzubinden, mit dem Zweck, Verantwortung in dieser Welt übernehmen und mittragen zu können. Die Reichhaltigkeit der Quellen bzw. der Zugang zu ihnen ist eines.

Die Annahme aber, dass der Zugang zu diesem Wissen und das Mehr an verfügbaren Daten zu einem besseren Verständnis der Dinge führt, ist für den Medienethiker Klaus Wiegerling „eines der grundlegendsten Missverständnisse unserer Zeit." (Wiegerling, S. 184).

Auf der Seite der Wirtschaft hat dies auch die Direktorin der Zentralabteilung Weiterbildung und Führungskräfteentwicklung der Robert Bosch GmbH, Eva Maria Höller-Cladders, in wenigen Sätzen auf den Punkt gebracht.
In einem Interview mit der Zeitschrift der IHK-Region Stuttgart sagt sie: Der Umgang mit den Neuen Informationstechnologien ist kein Selbstzweck, sondern diese sind „Hilfsmittel zu einem anderen Zweck ... dazu braucht [der Anwender] aber nicht primär Faktenwissen, sondern vor allem Orientierungswissen, d. h. er muss Daten und Informationen bewerten ... und auf Sinnzusammenhänge hin auswählen können. ... Der Anwender muss sich schützen vor der Illusion, der bloße Zugang zu Medien, Technologien, Daten, Informationen generiere bereits sinnvolles Wissen."[20] (Höller-Cladders, S. 14, [Klammer von F.R.]).

• Vom Wissen zur Bildung

Welche Vorstellung von Bildung wird unterstellt, wenn gesagt wird, der Kindergarten soll erster Bildungsort sein, die Schule soll bilden, Bildung sei ein hohes Gut, oder Bildung sei die Schlüsselqualifikation?

Bildung ist nicht Wissen und auch nicht die Summation von Wissen. Behauptet wird jedoch, dass der mit Bildung Ausgestattete mit Wissen umgehen und es auch erarbeiten kann. Kontrastreicher formuliert, damit die Unterschiede deutlicher werden: Nur der, der gebildet ist, hat überhaupt Wissen. Ein Computer ist nicht gebildet, nur Menschen können es sein. Was unterscheidet nun einen gebildeten Menschen von einem ungebildeten? Bildung ist mehr als das Vermögen und die Anwendung instrumentell-zweckrationaler Vernunft. Bildung ist, wie gesagt, nicht identisch mit der professionellen Aneignung und ebensolchem Umgang mit Handlungstechnik, so wenig wie die Handhabung mit Daten und Wissen unter Zweck-Mittel-Relationen.

Bildung hat etwas mit der Gewichtung und Bewertung von Wissen zu tun. Bewertungen aber sind Leistungen und Handlungen des Menschen. Beurteilungen sind stets von moralisch-ethischen Vorstellungen bzw. Maßstäben abhängig.

Wissen ist die Konsequenz aus einer ethischen Entscheidung.

Wissen wird benötigt, weil Entschlüsse, die in die Praxis überführt werden sollen (Handlungen) bestimmten Anforderungen unterliegen und Folgen haben. Diesen Anforderungen und Folgen muss sachgerecht begegnet werden. Wer Wirklichkeit bewusst und gewollt verändert, muss die Wirklichkeit kennen.

Ein personaler Aspekt des Wissens kommt hinzu. Wissen ist immer Wissen einer Person. Der sich Bildende weiß um die Entstehungsbedingungen seines Wissens. Weil er um die historische Beschränktheit seines Wissens weiß, kommt er weniger in die Versuchung, seinem

Wissen einen absoluten Status zuzuschreiben. Wer aber um die Vorläufigkeit jedes Wissens weiß, wird auf neues konkurrierendes Wissen nicht ablehnend, sondern prinzipiell offen reagieren. Es ist jederzeit damit zu rechnen, dass die andere Theorie die bessere ist. Dazu sind Toleranz, beständige Lernfähigkeit und Lernbereitschaft erforderlich.

Der sich bildende Mensch ist ein Mensch, der um seine Beschränktheit sowohl in seiner physischen als auch geistigen Konstitution weiß. Dieses Wissen um seine prinzipielle Endlichkeit versucht er in sein alltägliches Leben zu integrieren, gerade weil er sich für die Führung, für die selbstverantwortliche Führung seines eigenen Lebens verantwortlich weiß. Diese Selbstverantwortlichkeit ist deshalb so bedeutsam, weil es für die je individuelle Existenz keine Wiederholbarkeit und keine Stellvertretung gibt.

> Der kann als gebildet bezeichnet werden, der immer wieder das gute Leben wagt, angesichts der Gewissheit des je eigenen Todes. Bildung ist der lebenslange Prozess von Einsicht *und* Annahme der eigenen Endlichkeit.

Diese Wirklichkeit des Menschen einzusehen (theoretisch), sie zu akzeptieren (Wille) und aus dieser Einsicht und Einwilligung heraus Wirklichkeit menschlich zu gestalten (praktisch), das heißt Verantwortung zu übernehmen für sich selbst und für eine Gesellschaft. Aus dieser Aufgabe orientiert sich der Sinn und die Anforderungen an die Idee Schule. (Und dann stimmt dieser Satz: nicht für die Schule sondern für das Leben lernen wir).

Es ist eben nicht zutreffend bzw. würde eine überaus armselige Verkümmerung unseres Lebens bedeuten, wenn die Aussage der Bundesvereinigung der Deutschen Arbeitgeberverbände zuträfe, dass die Lehrer ihre Schüler adäquat vorbereiten müssten auf das Leben – „und das heißt heute vor allem das Arbeitsleben"[21] (Führungskraft Lehrer, S. 16).

- Bildung ist eine Haltung, die aus ethischen Grundfragen entspringt

Bildung kann als Ausprägung einer Lebenshaltung verstanden werden, die erkennt, akzeptiert und daraus handelt, dass Wissen stets in lebensweltliche Bezüge und Fragen verwoben ist. Wie aber humanes, gesellschaftliches Menschsein gestaltet werden soll, ist eine durch und durch ethische Fragestellung. Und Bewertungsfragen, die dadurch charakterisiert sind, dass nach ihnen mit gut und böse, richtig und falsch gefragt werden kann, lassen sich durch kein Wissen dieser Welt beantworten. Aus dem Sein folgt eben kein Sollen. Kein Wissen gibt von sich aus die Entscheidung vor, nach welchen Maßstäben wir die Gestaltung einer humanen Gesellschaft ausrichten wollen. Haben wir uns aber entschieden, dann brauchen wir für die Verwirklichung entsprechendes Wissen. Eine so verstandene Bildung hat weder etwas mit akademischen Titeln, noch mit einem bestimmten sozialen Niveau zu tun.

Dazu muss die Schule beitragen: selbstverantwortliches Handeln der Person zu ermöglichen, nach Maßstäben, die der Menschheit gerecht werden. Das ist nicht neu, eher alt, nicht progressiv, dafür klingt es sehr konservativ, mindestens aber naiv oder vielleicht auch romantisch-restaurativ. Doch damit verliert es weder seinen Anspruch noch seine Gültigkeit.

Die Schule hat die Aufgabe zum Erwachsenwerden zu verhelfen. Zu verhelfen, zu ermöglichen, nicht sie zu lehren; das könnte sie auch gar nicht. Die Schule kann im Idealfall den „Raum" zur Verfügung stellen, in dem dies geprobt und entwickelt werden kann. Darin kann eine entscheidende Konsequenz der neuen Informationstechnologien für die Schule gesehen werden.

> Zum reinen Informationsaustausch werden Lehrer immer überflüssiger. Aber als Pädagogen werden sie einen ganz neuen Stellenwert bekommen, nämlich den, den sie immer schon gehabt haben sollten.

Wenn anerkannt wird, dass Wissenschaften nicht Zweck an sich selbst sind, sondern sich Handlungen des Menschen verdanken, also unter ethische Kategorien fallen, dann hätte dies auch Konsequenzen auf das wissenschaftliche Selbstverständnis einer Universität.

> Eine Auswirkung könnte daran festgemacht werden, dass das Ziel und der Erfolg eines Fachstudiums auch in der Befähigung des Studierenden zum Ausdruck kommen, die ethischen, wissenschaftsphilosophischen und anthropologischen Voraussetzungen der eigenen Fachwissenschaft zu identifizieren und auf ihre möglichen Konsequenzen gegenüber dem Einzelnen und einer Gemeinschaft zu überprüfen. Eine subjektbezogene Perspektive könnte die Aufgabe darin sehen, nicht nur Experten zu produzieren, sondern in einem auch Persönlichkeiten auszubilden.

Ein Bildungsprofil, das sich hingegen nur auf fachspezifische, hier und jetzt geforderte Qualifikationen und Informationsgehalte spezialisiert, ist gerade unter der Prämisse „marktwirtschaftlicher Ausrichtung" zu verhindern, weil kontraproduktiv. Wenn aus einer Vielzahl populärer Führungs- und Managementliteratur das gemeinsam Verbindende destilliert wird, dann versammelt sich dies an der nicht zu überschätzenden Bedeutung des Mitarbeiters für die Zukunft eines Unternehmens. Wird auch hier noch einmal der Versuch gewagt, die unterschiedlichen Anforderungen schlagwortartig zusammenzufassen, dann ist der zukünftige Mitarbeiter ein „integrativer Entgrenzer".

Wer weiß und artikulieren kann, gegenüber wem und zu welchem Zweck Wissensgenerierung zu verantworten ist; wer weiß und artikulieren kann, an welche Bedingungen es gebunden ist und wie es unter ständig wechselnden Bedingungen erzeugt werden kann; wer weiß und artikulieren kann, wie wesentliches Wissen von nicht wesentlichem Wissen unterschieden werden kann, ist in der Lage nicht nur auf Veränderung zu reagieren, sondern fachkompetent und ethisch verantwortlich Veränderung zu initiieren und mitzugestalten.

Weder die Schule noch die Universität sind Berufsausbildungsorte. Im Grunde müsste die Wirtschaft der „klassischen" Vorstellung von Bildung den Vorrang geben. Denn diese zielt auf das, was unter sozialen Kompetenzen langfristig eine immer höhere Bedeutung gewinnt – gerade in einem globalisierten Wirtschaftsprozess.

Als Frage formuliert: Welche Bedingungen müssen erfüllt sein, damit Menschen diese sozialen Kompetenzen ausbilden können, d. h. zu stabilen, in sich ruhenden, sich selbst etwas zutrauenden Personen werden können, die nicht durch jede Veränderung aus ihrem Gleichgewicht fallen? Die nicht bei jeder Kritik in die innere Kündigung flüchten und die nicht bei jedem Vorschlag eines Mitarbeiters ihre Kompetenz gefährdet sehen? Die auf Wandel nicht nur reagieren, sondern qualifiziert handeln können, und trotz aller Schnelligkeit und Dynamik des Alltages nicht ihre innere Gelassenheit, ihre Orientierung und ihre Maßstäbe verlieren? Dazu bedarf es einer „starken" Persönlichkeit.

Die Ausbildung einer starken Persönlichkeit ist im Erziehungsprozess grundgelegt. Die Anforderungen, die daraus an einen Kindergarten zu stellen sind, laufen gerade nicht auf PCs und Fremdsprachenunterricht hinaus.

Man muss Frau Bulmahn nicht widersprechen, wenn sie sagt: „Kindergärten müssen mehr sein als nur ‚Betreuungseinrichtungen' für die Kleinen. Kindergärten haben die Aufgabe, Lernbereitschaft und Neugier zu entwickeln und unsere Kinder auf das weitere Lernen in der Grundschule vorzubereiten." (Bulmahn, 2002)[22].

Man muss ihr und anderen jedoch energisch widersprechen, die bei der Wahl der Mittel annehmen, dass die Basis, der Grund aller intellektuellen und rationalen Vermögen, durch ebensolche Methoden und Programme hergestellt werden können.

Die Bildung des Wissens*trägers* ist grundverschieden von dem, wie er sich Wissens*inhalte* aneignet. Wer beide gleichsetzt verwechselt Personen mit Selbstlernprogrammen. Die Fähigkeit zur Flexibilität wird ermöglicht durch Stabilität. Die Fähigkeit verschiedene Standpunkte einzunehmen, auszuhalten und zu bewerten kann nur der, der (s)einen Standpunkt hat.

Im Bild (das doch unzureichend bleibt): Wenn einer will, dass sein vierjähriger Sohn einmal Radprofi werden soll, der kann ihm natürlich eine Rennmaschine kaufen. Er kann ihn darauf setzen und motivieren, dass er doch endlich fährt. Wenn nur die Beine nicht so kurz wären. Die sehr viel bessere Einübung wäre die, einem Kind die Bedeutung von Entfernungen nahe zu bringen. Das hieße Wanderungen mit ihm zu unternehmen, die es, seinem Alter angemessen, bewältigen kann. Und dann, nach einer Reihe von solchen Erfahrungen das Erlebnis ihm möglich zu machen, dass es mit einem Tretroller (einem Fahrzeug) Entfernungen subjektiv mit weniger Mühe und sehr viel schneller zurücklegen kann.

Der grundlegende Fehler in der gegenwärtigen Bildungsdiskussion besteht in der Gleichstellung von Bildungsträger und Bildungsinhalt.

Beide werden auf derselben Ebene verhandelt. Man kann unendlich an den Pflanzen herumzupfen und manipulieren, wenn kein guter Grund gelegt ist, bleibt dies eine vergebliche Arbeit. Stabile Persönlichkeiten werden von sich aus mehr wissen wollen und aktiv auf die Welt zugehen. Die Förderung muss dahin gehen, dass sie das von sich aus wollen und können. Was für die Schule und die Universität gilt, gilt auch für den Kindergarten. Bildungspolitiker müssen nicht dafür sorgen, dass nun auch jeder Kindergarten mit PCs und der entsprechenden Software ausgerüstet wird. Das können sie machen, nachdem sie die Bedingungen geschaffen haben, dass es künftig

– genügend menschlich qualifizierte, d. h. warmherzige, einfühlsame und nach dem neuesten Stand der Wissenschaften ausgebildete Erzieherinnen und Erzieher gibt;

- keine Gruppengrößen in Kindergärten gibt, die es tatsächlich nur noch möglich machen, den Kindergarten als „Verwahranstalt" zu begreifen;

- immer weniger der Fall ist, dass Kinder den Kindergarten als ersten Ort ihres jungen Lebens erfahren, an dem sie auf eine stabilisierende, relativ angstfreie und sozial geordnete Umwelt treffen.

Konsequenzen für die Führungsfrage

Den Willen und die Fähigkeiten, sich den immer schnelleren Veränderungen des Lebens positiv zu stellen bekommt man nicht durch immer frühere und intensivere Trainings, sondern durch eine durchgehende konsistente Erziehung. Die zunehmende Zahl verhaltensauffälliger und verhaltensgestörter Kinder, bzw. die dafür zum Teil verantwortlichen Lebensweisen und Ansichten ihrer Eltern oder Elternteile zeigt sich doch jetzt schon als Problem für Unternehmen.

Wie für Kindergarten, Schule und Universität die Erzieherinnen, Lehrer und Dozenten die Möglichkeitsbedingungen sind, zum Ingangbringen des Bildungsprozesses, so ist die Persönlichkeit des Vorgesetzten der alles entscheidende Faktor für wirkungsvolle Führung. Diese Schwerpunktsetzung garantiert noch keinen Erfolg. Aber ohne die prinzipielle Anerkennung der grundlegenden Bedeutung personaler Kompetenzen ist Erfolglosigkeit garantiert.

„Die Fähigkeit zur Nutzung des Internet wird so wichtig wie Lesen und Schreiben." Dies ist und bleibt falsch. Die technischen Fertigkeiten des Einzelnen werden ganz sicher nicht den Erfolg einer Volkswirtschaft in grundlegender Weise beeinflussen. Umso mehr dagegen die personalen Charakteristika der Teilnehmer, die eine Volkswirtschaft bilden und in ihr Verantwortung tragen.

Im Anforderungskatalog, den der Mitarbeiter in Zeiten der Globalisierung zu erfüllen hat, tauchen mit großer Regelmäßigkeit die Vokabeln dynamisch, flexibel und mobil auf. Er muss in der Lage sein, sich schnell auf neue Situationen einzustellen. Er sollte ohne Probleme in multikulturellen Arbeitsteams integrierbar sein und er sollte an jedem Flecken der Welt ohne große Adaptionsprobleme Leistung bringen. *Damit sind Anforderungen formuliert, die die Lebenshaltungen von Personen betreffen.* Die Anforderungen einer globalisierten Wirtschaft betreffen in erster Linie den Mitarbeiter in seiner Persönlichkeit. Neue Einstellungen und Änderungen, die das Selbstverständnis der Person betreffen, können jedoch nicht durch den PC oder durch einen E-Learning Kurs „implementiert" werden.

Die Fähigkeit zum schnellen Einstellungswandel, zur optimalen Anpassung und Ausrichtung auf komplexe und fremdartige Berufskontexte ist eine *Herausforderung an die ganze Person.* Seinsweisen von Personen, die sich in Charakteren äußern, sind eine Frage der Erziehung bzw. einer einübenden Haltung *durch die Zeit.* Eine bloße intellektuelle Einsicht wäre bestenfalls der zwar notwendige, aber bei weitem noch nicht hinreichende Schritt auf dem Weg zu dieser Einübung.

Die Philosophien blühen in transnationalen Lebensentwürfen, in denen Nähe durch Technik hergestellt wird

Eine Frau, ein Kind, ein Kuchen, ein Handy. Der Vater ist abwesend und er hat Geburtstag. Die Frau fotografiert die Szene mit dem Handy. Der Netzanbieter Vodafone wirbt für diesen Dienst mit den Worten: „Neu und nur bei Vodafone Live! Fotos von Handy zu Handy."[23] Diese Inszenierung der Abwesenheit ist geeignet, den Weltalltag unserer Epoche[24] zu signieren. Denn ohne Übertreibung kann die Alltagssituation von Familien, aber auch die von Paaren im Informationszeitalter beschrieben werden als eine ständig beruflich bedingte Abwesenheit wenigstens eines ihrer Mitglieder.

Die vermutlich ökonomisch bedingte Abwesenheit des Vaters (wenn der Fernsehspot dazugenommen wird, dann ist es sicher) wird zum Anlass genommen, ein technologisches Produkt in ökonomische Bezüge einzubinden. Ökonomisch bedingte und in Kauf genommene Nachteile können mit Hilfe der Technologie kompensiert werden. Die Kosten der Ökonomie können durch ihren Ertrag ausgeglichen werden.

So können mittels eines käuflich erwerbbaren Kommunikationswerkzeuges die tradierten Verhaltensweisen beibehalten werden und damit soll wohl der Anschein erweckt werden, dass das, was eine Feier an Sinnkonstitutionsleistung erbringt, mit Hilfe der Technik aufrechterhalten werden kann, nämlich die „Öffnung der Zeit auf die Ewigkeit" (Schroeder, Sp. 100). Eine Feier durchbricht den Alltag und eröffnet ihn auf Transzendenz und ermöglich dadurch die Erfahrung von Gemeinschaft (einer allein und viele zusammen vermögen noch kein Fest zu feiern, allenfalls ein Party). „Papa ist ganz weit weg. Einen Kuchen kriegt er trotzdem." Natürlich kriegt er *keinen* Kuchen, im besten Fall eine Abbildung auf einem Minidisplay von einer Situation – die „Feier" *seines* Geburtstages – in der er nicht anwesend war.

Gundolf S. Freyermuth hat in einem Beitrag der Computerfachzeitschrift *Ct* über die Konsequenzen der modernen Informationstechnologien nachgedacht. Er beschreibt im Rahmen seiner Green Card-Verleihung einige der individuellen und gesellschaftlichen Konsequenzen, die von den modernen Wanderern zwischen den Welten ausgehen. Die Digitalisierung fördert seiner Meinung nach transnationale Lebensentwürfe. Menschen, die sich einem derartigen Lebensentwurf unterstellt haben, erwerben ein Reihe von Erfahrungen, Fertigkeiten und Verhaltensweisen, die sowohl für das Individuum als auch für seine ökonomische Wertigkeit einen Mehrwert darstellen.

Anders im 19. Jahrhundert, als Immigration vorwiegend die unteren Schichten zu neuen Lebensentwürfen zwang, ist Immigration heute ein Phänomen, das mehrheitlich die gut ausgebildeten Wissensarbeiter und

Führungskräfte vor allem in ‚Hightech-Bereichen' betrifft. Heute ist Immigration kein Widerfahrnis, sondern es wird ausdrücklich zu ihr motiviert bzw. wird sie als beruflich erwünscht angesehen. Auf diesem Wege entstehen neue „transnationale Lebensentwürfe und hybride Identitäten". (Freyermuth, S. 202).

Eine wesentliche Differenz zu den Einwanderern des vorigen Jahrhunderts, die nach Freyermuth eine zeitlich strukturierte Folge von Auswanderung, Arbeitsleben und Rückkehr vollzogen, liegt darin, dass sich die Wissensarbeiter und Führungskräfte der Gegenwart – meist in der Phase des jungen Erwachsenen – stets in allen Phasen zur gleichen Zeit befinden. Ein weiteres, nicht unwesentliches Unterscheidungskriterium zwischen den Immigranten des 19. und 20./21. Jhs., möchte ich zusätzlich darin sehen, dass es den Immigranten des 19. Jhs. klar war, dass sie ihre Heimat nicht mehr wiedersehen würden und dadurch gezwungen waren einen *Entschluss* zu fassen.

Diese Perspektive auf Endgültigkeit musste von der Person übernommen werden. Die Altimmigranten mögen zwar die Hoffnung gehabt haben, einmal wieder in ihre verlassene Heimat, – wenigstens am Lebensende, – zurückzukommen, aber die grundsätzliche und dauernde Trennung von der Heimat – so schmerzlich diese auch war – hat ihnen bzw. ihren Angehörigen verholfen, ein Amerikaner zu werden, Amerikaner irischer oder polnischer Abstammung.

Gerade diese Nötigung zur Übernahme eines Entschlusses ist heute nicht mehr notwendig. Jeder Wissensarbeiter kann sich als temporär befristeter Einwanderer verstehen. Mag daraus auch ein langandauernder Aufenthalt erwachsen, der unter Umständen bis zum Lebensende ausgedehnt wird. *Er wohnt zwar dort, aber dieser Ort wird nicht zu seiner Heimat.* Die Herausforderung an die eigene Person, einen endgültigen Entschluss herbeizuführen, entfällt heute.

Durch diese Veränderung könnte sich die informationstechnologische Einwanderungswelle ganz anders auf das Selbstverständnis der amerikanischen Gastbürger auswirken. Ob es ausreicht, Amerikaner zu werden unter der Leitidee einer (auch vom Gastland geförderten) individuellen Nutzenoptimierung, die allen Kollektivmitgliedern ebenfalls Nutzen bringt, – diese Ansicht sollte zumindest nicht als gesichert ausgegeben werden.

Es darf gegen Freyermuth auch bezweifelt werden, ob für die Immigranten des 19. Jhs. die Aufgabe tatsächlich darin bestand, einen „klaren Bruch mit der Vergangenheit, nach der Aufgabe des alten Selbst – der Sprache, Kultur, Kleidung, sogar der Essgewohnheiten" (Freyermuth, S. 204) herbeizuführen. Die Abschattung und Zurücknahme individueller und nationaler Muster bei ökonomischen Interaktionen bedeutet nicht die Aufgabe dieser stabilisierenden Faktoren. Die besondere Gewichtung der eigenen Tradition im Privatleben, der verstärkte Kontakt mit Landsleuten, die Stadtteilbildungen, sprechen gerade nicht für die Aufgabe des eigenen Selbst. Zu bedenken ist auch, dass viele Immigranten des 19. Jhs. Heimat in ihrer wesentlichen Form mitgenommen haben – ihre Familien. Wurde in der Fremde Familie gebildet, dann mit Angehörigen des eigenen Volksstammes, mindestens aber mit denen eines übereinstimmenden Glaubens- und Kulturraumes.

Und, das sei unbestritten, wer die eigene Familie mit dabei hat, der kann einfacher fremdes geografisches Gebiet – wenn auch in Generationsprozessen – zu seiner Heimat gestalten und bilden. Auch Freyermuth ist nicht allein. Seine beiden Kinder (vgl. S. 206) und vermutlich auch seine Frau sind dort, wo er sich aufhält. Doch die Mitnahme oder die Gründung einer Familie wird nicht der Regelfall der temporär befristeten Neuimmigranten sein bzw. von den Unternehmen auch gar nicht angestrebt werden.

So besehen und mit Freyermuth übereinstimmend ist die Vergleichbarkeit beider Gruppen bestenfalls Anlass zur Bildung einer Kontrastfolie, die es ermöglicht, die spezifischen Bewusstseinsinhalte der temporären Immigranten, ihr Selbstverständnis und ihr Menschenbild offen zu legen. Welches Bewusstsein haben Menschen, die im Zwischen, im Niemandsland der Kulturen unterwegs sind, die im ständigen Unterwegs ihr Geld verdienen? Wer sind und was glauben die „Neuen Nomaden"[25]?

„Besser ausgebildet als ihre Vorgängergenerationen und von einer Technologie ermächtigt, die zur Zeit der Industrialisierung schier magisch gewirkt hätte, richten sich die Migranten der digitalen Epoche zunehmend im Zwischen, im Niemandsland zwischen den Kulturen ein. Not oder Neigung folgend haben sie ihren Körper von dem einen auf ein anderes Staatsgebiet verfrachtet, doch im Kopf pendeln sie unentwegt – virtuell wie real, psychisch wie physisch, intellektuell wie emotional, privat wie zunehmend auch beruflich, wobei die spezifischen bikulturellen Kenntnisse zu Geschäften genutzt werden, bei denen die Einheimischen nur schwer konkurrieren können." (Freyermuth, S. 204/206).

„Diese Entkoppelung von geografischem Aufenthalt und sozialem Kontakt, wie sie vor allem durch die digitale Technologie mit ihrer Tendenz zu entorteten Echtzeitverhältnissen gelingt, machte vor dem Privatleben der Menschen nicht halt – zu dessen Vorteil. Physische Nähe ist immer weniger Bedingung psychischer Nähe." (S. 204).

Der Glaube, dass die modernen Technologien in der Lage sind, Nähe herzustellen, scheint ungebrochen. Doch dieser Glaube trägt nicht. Die Annahme, dass psychische Nähe nicht von physischer Nähe abhängig ist, die in metrischen Entfernungen angegeben werden kann, ist falsch.

Es ist zuzugestehen: Das Ereignis der Nähe, des Naheseins, wird nicht garantiert durch eine körperliche Anwesenheit zweier Personen im selben Raum. Zwei, die am selben Ort auf Nähe warten, können unter Umständen lange warten. *Kann sich aber Nähe einstellen ohne geringe räumliche Entfernung?* Bei Wesen, wie wir es sind, gehört die leibliche Verfasstheit zu unserem Wesen. Wir sind durch und durch leibhaftige Wesen. Diese Leibhaftigkeit ist nicht nur eine Eigenschaft, sie ist ein Wesensmerkmal. Alle medialen Versuche „ursprüngliche Gegebenheiten"[26] gegenwärtig zu machen, zeigen gerade dann, wenn sie besonders gut die Illusion der Repräsentation erzeugen, die Kehrseite aller medialen Vergegenwärtigung eindrücklich: *Sie verbreiten Leere und lassen leer.*

Physische Nähe ist kein Garant für Nähe. Sehr wohl ist aber das Ereignis von Nähe – unter Menschen wenigstens – an physische Nähe gebunden.

Alles, was die Technik vermag, ist den Grad des Alleinseins zu relativieren. So ist es zwar durch die modernen Informationstechnologien möglich, das „häusliche" soziale Leben verfolg- und beobachtbar zu machen und insofern vermag sie den Beobachter in einer sehr beschränkten Hinsicht tatsächlich gleichzeitig zu machen.

Doch der Beobachter ist nicht im Vollsinn mit da. Der Beobachter assoziiert sich stets mit einem „Draußen". D. h. die zeitlich beschränkte Aufhebung meines Alleinseins durch Technik ermöglicht und fördert die Erfahrung der Einsamkeit. *Die Kompensierung des Alleinseins schlägt um in Einsamkeit.* Synchrone Kommunikation – visuell unterstützt – ist eines, aber solange Menschen leiblich sind, wird der körperliche Realkontakt zum Nächsten eine notwendige Bedingung des Ereignisses von Nähe bleiben.

Es ist ein Unterschied, ob ich meinem Kind über die Haare streiche, seinen Geruch (nicht einmal bewusst) wahrnehme und, am Bett sitzend, ihm eine gute Nacht wünsche und es dabei nach meiner Hand greift, oder ob ich mittels Videoschaltung zu ihm gute Nacht sage, aus einem Hotel und es gemäß meiner Ortszeit mitten am Tage ist. Alle Gestimmtheit des Verhaltens wird schon durch die zwei völlig unterschiedlichen Zeitkontexte von vornehrein zerstört. Niemand wird bestreiten wollen, dass dies, für *begrenzte* Zeit, trotzdem besser ist als nichts. Aber genau das ist es eben nur.

Russisch-amerikanische Geschäftsleute unterhalten Appartements in New York und Moskau, der indisch-amerikanische Unternehmer jettet permanent zwischen Silicion Valley und Bangalore hin und her. Die

Konsequenz ist nach Freyermuth stets dieselbe. Die meisten „Migranten bilden einen hochindividuellen Alltag aus." (Freyermuth, S. 206). Individualisierung ist der etwas „neutralere" Ausdruck für Vereinzelung. Diese zunehmende Vereinzelung ist die Konsequenz eines Doppellebens. Hinsichtlich seiner beruflichen Tätigkeit und hinsichtlich seiner privaten Identität ist er auf zwei Ortschaften bezogen. Oder, wie Freyermuth einen griechisch-ungarischen Geschäftsmann aus Florida erzählen lässt:

„„Mit Real Player höre ich über das Internet griechische und ungarische Radiostationen. Ich maile meinen Verwandten jeden Tag. Ich sehe digitale Fotos von ihnen, schaue sogar live zu, was dort geschieht.'" (Freyermuth, S. 206).

Erscheint aber in dieser technisch-medial vermittelten „Anwesenheit" nicht in besonders deutlicher Weise die fundamentale Abwesenheit des Subjekts? Lässt sich das „Doch-nicht-dort-Sein" eindringlicher beschreiben?

Die rationale Bewältigung einer Situation, die für ein Subjekt dadurch gekennzeichnet ist, an einem bestimmten Ort sein zu müssen, der durch ökonomische Gründe bestimmt ist und von einem anderen Ort her seine personalen Welt- und Sinnbezüge zu beziehen, erfordert die Ausbildung eines Existenzkonzeptes, das seine zunehmend geringere Verwurzelung an und durch einen Ort als positives Charakteristikum seiner dadurch veränderten Identität zu interpretieren vermag.

Das von Freyermuth eingeführte Beispiel der *umzugsfähigen Topfpflanze* vermag treffend die Konsequenzen, die von ihm als Entterritorialisierung und Ausbildung hybrider Identitäten bezeichnet werden, zu erläutern.

„Das Schwinden der Bedeutung des Territorialen lässt sich dabei mit dem Unterschied von Garten- und Topfpflanzen vergleichen – Letztere haben zwar ebenfalls Wurzeln, ohne die sie nicht leben könnten, doch diese Wurzeln sind tragbar. Bei einem Umzug können sie mitgenommen werden." (Freyermuth, S. 206).

Das Entscheidende ist nicht, dass diese Pflanzen meist mehr oder weniger industriell hergestellt sind, Standardmaße haben und fast durchgängig blühbar gemacht werden können. Viele dieser Pflanzen, gerade weil sie nicht mehr durch einen Ort geprägt sind, im Gegenteil, meist zu viele zeitlich begrenzte Ortschaften haben, werden deshalb nicht mehr in gewöhnlicher Erde „gehalten", sondern ihre Wurzeln bekommen Nahrung, Halt und Orientierung in und durch Pflanzengranulat. Und was für die Topfpflanzen Pflanzengranulat ist, das sind für die *hybriden Identitäten* die Weltmarken.

„Dabei gewähren Weltmarken [und global agierende Unternehmen, F. R.], die im transnationalen Neuland den einzigen Verbindungspunkt zwischen beiden Kulturen darstellen oft Orientierung und Halt." (Freyermuth, S. 206).

Die Notwendigkeit in wertrelativen Zeiten doch nicht ohne Wert und Sinn leben zu können, legt die Überlegung nahe, das Unternehmen selbst als – so eine Formulierung von Rolf W. Habbel – letztes greifbares „Werte- und Orientierungszentrum" (Habbel, S. 123) zu interpretieren. Allerdings bezieht Habbel Wert nicht auf Marke und bleibt einem traditionellen Werte- bzw. Persönlichkeitskanon verpflichtet. Wer zu den Hochzeiten der New Economy ein Buch vorlegte, wie das von Habbel, das von „langfristiger Bindung", „Glaubwürdigkeit" und „Bildung" im Führungskontext handelte und nicht von ganz neuen hier und jetzt geforderten Führungseigenschaften, dem wurde sicher Blauäugigkeit und ein gänzliches Verkennen der neuen Lage unterstellt. Mittlerweile dürften sich diese Bewertungen zu einem nicht geringen Teil relativiert haben.

Identität durch Weltmarken ist auch für Freyermuth ein Manko. Doch diesem Manko wird der Vorteil gegenübergestellt, dass derart „gebildete" Lebensformen eine blinde nationale Identifikation verhindern. Das mag aus der Perspektive der jüngsten deutschen Geschichte ein Vorteil sein. Zu fragen bleibt aber schon, ob ein „portabler Patriotismus", der die genetische Identifikation mit einer Nation in wünschenswerter Weise erschwert, nicht auf der anderen Seite zu Bildung von ökonomisch orientierter Identität führt, die ähnlich bedenkliche Auswirkungen haben kann wie national geprägte Identitäten.

Unwidersprochen: Der Nationalstaat hat seine identitätsbildende Kraft verloren. Die Prozesse, die unter dem Stichwort Globalisierung summiert werden können, beschleunigen diesen Relativierungsvorgang. Ob aber die Zunahme der Möglichkeiten von Identitätsbildung oder besser gesagt der ökonomische Zwang, der zu Identitätsbildung aus neuen Quellen drängt, einen Fortschritt zum Besseren bedeutet, das wird sich erst noch zeigen. Ich bin nicht der Meinung des Autors, der sagt:

> „Befreiend wirken etwa die hybriden, in ihrem Kulturgemenge flüssigen und hochgradig personalisierten Identitäten, die mit vernetzten, transnationalen Lebensformen entstehen. Sie scheinen ein zukunftsfähiges Update [sic.] konfektionierter und eingeengter, von Massenwaren und den Massenmedien geprägter Standardexistenzen." (S. 208). [Die Transnationalen schaffen sich ihre Wirklichkeit,] „als Wirklichkeit nach Maß - ein Alltag, so individuell wie Webseiten, die sich jedem Besucher anders und auf seine hochgerechneten Bedürfnisse zugeschnitten zeigen." (Freyermuth, S. 206).

Dass Herrschaftssysteme, die auf Anpassung und uniformierte Ausrichtung ausgelegt sind, mit derlei Lebensformen ihre Probleme haben „weil sie allzu mündige, mobile und zu gut informierte Bürger produzieren" (Freyermuth, S. 208), ist mit dem Autor zu hoffen. Mobil und gut informiert ist jedoch keine hinreichende Bedingung für Mündigkeit.

Klaus Wiegerling hat es in seiner Medienethik kurz und bündig auf den Punkt gebracht: „Es ist eine Grunderfahrung des 20. Jahrhunderts, dass der potentielle Wissensstand einer Gesellschaft kaum mehr einen Einfluss auf das Verhalten der Menschen hat. Das Deutschland der 20er Jahre war das wissenschaftlich potenteste Land seiner Zeit, es hatte die bedeutendsten intellektuellen Ressourcen und dennoch ging die größte Barbarei dieses Jahrhunderts von diesem Land aus. Man mag es bedauern, aber zwischen *Wissen und Verantwortung* besteht kein unmittelbarer Zusammenhang." (Wiegerling, S. 230). Wobei auch noch zu berücksichtigen ist, dass zwischen „gut informiert" und „wissen" eine Differenz besteht.

Das Quantum des Wissens war noch nie ein Indikator für das gelebte Ethos eines Individuums. Und es ist nicht ausgeschlossen, dass Transnationale dieser couleur gerade durch ständige Anpassungsleistung auch mit ihrem Wissen entsprechend umgehen. Wissen ohne Kontextgebundenheit ist nicht möglich, und wenn der einzig gültige, herrschende und orientierende Maßstab der Ökonomische ist, dann ist die Entwicklung eines ökonomischen Söldnertums allenfalls eine Frage der Zeit. Ob Christiane zu Salm MTV oder Neun Live, tm3 oder Hubert Burda Media vorsteht, ist gleichgültig. Entscheidend ist, ob sie Profit macht. Hartmut Mehdorn managt die Bahn. Ebenso gut könnte er die Telekom managen. Selbstverständlich könnte auch Ron Sommer die Bahn managen. Sie alle beherrschen die formale Logik des Profits. Womit sie inhaltlich umgehen ist gleichgültig. Je weniger einer an einem bestimmten Sachbereich hängt, umso besser.

„Wurzellosigkeit hat ihre Vorteile" (S. 208) zitiert Freyermuth einen griechisch-amerikanischen Geschäftsmann. Damit ist das entscheidende Kriterium angegeben, warum die transnationale Lebensform eine hohe Realisierungsmöglichkeit hat. Sie ist die vollkommene Entsprechung zu einer – und er sagt das wirklich schön – „planetarisch entorteten Echtzeit-Ökonomie" (S. 208). Sie ist überall und jederzeit möglich.

Konsequenzen für die Führungsfrage

Dass es weltweit ausgerichteten Unternehmen Vorteile bringt, wenn Mitarbeiter in verschiedenen kulturellen Wirklichkeiten agieren können, ist nachvollziehbar. Aber der vielbeschriebene Wanderer zwischen den Welten bleibt einer, der sich in regional unterschiedlichen Ausgestaltungen abendländischer Logik bewegt.

Nebenbemerkung Globalisierung: Häufig wird die Ansicht geäußert, dass mit der weltweiten Verflechtung ökonomischer Prozesse ein ökonomisches Denken *neuer Qualität* entstehen würde. Doch das ist nicht zutreffend. Es ist vielmehr die letzte Vollendung eines Denkens, dessen Anfänge Heidegger bei Platon ausmacht und über die gesamte abendländisch-europäische Philosophiegeschichte ausgedehnt sieht.

Globalisierung beschreibt eine bestimmte Art zu denken und eine daraus folgende Weise zu handeln, gegenüber allem was ist. Wie wird das Seiende im Ganzen gedacht und was wird als seine Wahrheit bestimmt? Die Antworten auf diese beiden Fragen prägen ein Weltbild. Die Antwort heute lautet. Das Wesen der Dinge liegt in ihrer Vor-Stellbarkeit und das Wesen der Wahrheit wird bestimmt als Richtigkeit. Die universale Herrschaft des technisch-ökonomischen Denken, in dem alle Dinge und Menschen planbar und vergleichbar gemacht werden, verdankt sich der ersten grundlegenden und alles entscheidenden Globalisierung. Diese kann darin gesehen werden, dass die Bestimmung des Seins des Seienden und seiner Wahrheit durch die Griechen nicht nur „eine" Möglichkeit blieb, wie vom Seienden gedacht werden kann, sondern diese Bestimmung zum Inbegriff des abendländisch-europäischen Denkens geworden ist.

Eine Antwort des Denkens wurde zum Maßstab für alles weitere Denken, auch des nicht-europäischen. „>Das< Denken - dies ist unser abendländisches, vom *logos* her bestimmtes und auf ihn abgestimmtes Denken. Dies heißt beileibe nicht, die Welt des alten Indien, China und Japan sei gedanken-los geblieben. Vielmehr enthält der Hinweis auf den *logos*-Charakter des abendländischens Denkens das Geheiß an uns, dass wir, falls wir es wagen sollten, an jene fremde Welten zu rühren, uns zuvor fragen, ob wir überhaupt das Ohr dafür haben, das dort Gedachte zu hören. Diese Frage wird um so brennender, als das europäische Denken auch darin planetarisch zu werden droht, dass die heutigen Inder, Chinesen und Japaner uns das von ihnen Erfahrene vielfach nur noch in unserer europäischen Denkweise zutragen." (Heidegger, GA 79, S. 145).

Verschiedene Zeitzonen signalisieren noch keine verschiedenen Wirklichkeiten, vielmehr bringen die so genannten Transnationalen ihre Welt mit, d.h. sie kommunizieren in ihren Denkkategorien. Sie wohnen in Häusern, die nach ihren Vorstellungen und Plänen gebaut wurden. Sie kennen die Welt und das heißt, sie kennen die Standardhotelzimmer europäischen Zuschnitts.

Sie sind an Orten, an denen sich keine Nähe einstellen kann, weil sie aus Bezügen leben, die von einem anderen Ort stammen. Sie leben eine doppelte Ortlosigkeit. Die Annahme, nicht weg zu sein, weil es eine Standleitung „nach Hause" gibt, ist eine Illusion. Das zeigt sich spätestens dann, wenn der „Real Player" geschlossen wird, weil es real nach Hause geht, und erstaunt festgestellt werden muss, dass, obwohl man alle wesentlichen Ereignisse mitbekommen hat, eine Entfremdung eingetreten ist.

Ein „Da" zu beobachten und auf es einwirken ist nicht dasselbe wie in diesem „Da" zu sein. Dann zeigt es sich, dass die Transnationalen zu browserkompatiblen Standardexistenzen geworden sind, die hochintellektuell und mit folgerichtiger Logik erkennen, dass ihre Work-Life-Balance nicht ausgeglichen ist, dass sie zu Einsamen geworden sind, weil sie keine Ortschaft mehr haben.

Körperwesen brauchen Ortschaft, d. h. Wurzel. Ortlose können sich nicht mehr nahe kommen. Bei Verwurzelten, die sich fremd geworden sind, ist diese Möglichkeit gegeben.

Ist der Mensch für die Wirtschaft da oder die Wirtschaft für den Menschen? Auf diese neutestamentlich gestaltete Frage im neuzeitlichen Gewand muss nicht theologisch geantwortet werden. Das Überraschende an solchen Fragen ist, dass sie jeder schon durch seine je eigene Lebensweise und -haltung entschieden und beantwortet hat.

Die Frage kann zu dahinterliegenden Grundfragen führen. Was denken wir vom Menschen? Ist er tatsächlich ein Evolutionsprodukt, dem jederzeit – einem Chamäleon gleich – eine passende Identität übergezogen werden kann? Oder handelt er sich mit diesem Verhalten Störungen ein, die weit über dem liegen, was er an individuellem Nutzen herausschlägt?

Der Psychologe Peter Schmuck nimmt an, dass die Rolle *sozialer Werte* für individuelle Gesundheit wichtig ist, „so scheint das Verfolgen entsprechender Lebensziele (sich in die Gemeinschaft einbringen, anderen helfen, menschliche Nähe suchen usw.) protektive Wirkung für den Erhalt von Wohlbefinden und Gesundheit zu haben. Eine Reihe von empirischen Studien konnten positive Zusammenhänge zwischen einer individuellen Präferenz für soziale Werte und Wohlbefindlichkeitsindikatoren aufzeigen". (Schmuck, S. 287).

Umgekehrt, so Schmuck, konnte aus Stichproben geschlossen werden, dass ein hoher Stellenwert *egozentrischer Werte,* wie z. B. individuelle Macht oder materieller Reichtum, „mit erhöhter Wahrscheinlichkeit des späteren (!) Auftretens einer Reihe von psychischen Störungen nach DSM korrespondierte. Analog fand sich in mehreren Studien, dass exzessives Streben nach individueller Macht negativ mit Wohlbefindlichkeitsindikatoren korreliert. ... Solche Zusammenhänge scheinen nicht auf Stichproben in den USA beschränkt zu sein. Auch außerhalb der US-Kultur wurden ähnliche Befunde berichtet." (Schmuck, S. 287).

> Er kommt zum Ergebnis: „Nach den hier dargestellten Befunden ist ein dominierender Wert in westlichen Gesellschaften pathogen, nämlich der des Egozentrismus mit der Betonung von Hedonismus und materiellem Konsum." (Schmuck, S. 288).

Der Aufbau von kontinuierlichen und stabilen Beziehungen ist unter den Bedingungen permanenter Mobilität und verordneter Ortlosigkeit schwer bis utopisch. Wäre es nicht angemessener, analog zu manchen Glaubensorganisationen, vom Topmanagement zu erwarten, auf Dauer oder auf bestimmte Zeit auf einen Partner zu verzichten? Dafür wird sicher nicht jedes Unternehmen in Frage kommen. Denn dieses hat dann auch dafür zu sorgen, dass sich die Individuen, die sich dem Sinn und Zweck eines Unternehmens in so grundsätzlicher Weise unterstellen, sich über die gesamte Lebenszeit als Mitglieder dieser Unternehmensgemeinschaft definieren können.

In partnerschaftlichen und familiären Bindungsbezügen bezahlen nicht selten die Angehörigen den Preis für die Karriere. Und nicht immer ist der Lebenspartner, der eine Karriere mitaufgebaut hat auch derjenige, der die Ernte am Ende des Berufslebens mit einfährt.

Das Ideal des Menschen ist ein Kind von Lara Croft und Markus Koch

• Die Mutter des Menschen – der technische Auslegungsmaßstab

Wer nach dem Menschenbild fragt, will wissen, wie sich der Mensch im Ganzen des Seienden versteht und darin einordnet. Wenn er sich lediglich als Seiendes unter anderem vorkommenden Seiendem versteht, wird er anders mit sich und anderen umgehen, als wenn er sich als Sein versteht, dem es in seinem Sein um dieses selbst geht. Wer sich als bloßes, zufälliges evolutionäres Produkt sieht, wird anders mit sich und anderen umgehen als einer, der von einer absoluten

Macht sich gewollt und behütet weiß. Wer nach dem Menschenbild fragt, fragt auch nach letzten – nicht notwendig reflexiv bewussten – Grundannahmen und Überzeugungen, die einen Menschen unter Umständen ein Leben lang begleiten und sein Handeln und Verhalten grundlegend bestimmen.

> Diese letzten Überzeugungen stehen außerhalb konkreter Sinnfragen, denn sie prägen den Rahmen, in dem überhaupt etwas für sinnvoll oder sinnlos gehalten werden kann. Die Offenlegung des Menschenbildes ist deshalb so bedeutsam, weil in ihm Grundentscheidungen vorliegen, die jede konkrete Lebens- und Arbeitssituation fundamental konfigurieren.

Welches Bild, welcher Typ von Mensch ist immer schon unterstellt und genutzt, wenn von Jugend und Alter, von Bildung und Wissen, von transnationalen Lebensentwürfen die Rede ist, die überall blühen, weil sie ihre Wurzeln in Pflanzengranulat mitnehmen?

Über die „Mutter" dieses Typs muss nicht lange nachgedacht werden, denn dieser Menschen-Typ ist da, zudem multimedial präsent und sie hat einen Namen: *Lara Croft*. Sie repräsentiert wesentliche Ideale des heutigen Menschen: jung, clever, attraktiv, durchsetzungsstark, mobil und erfolgreich. Lara wird nicht älter und wird nicht krank[27], stets heilen ihre Verletzungen bei genügendem Erfolg. Sie braucht zwar – problemlösungsorientierte – Kommunikation, aber keine zwischenmenschliche; sie stellt keine Sinnfragen, aber Erfolgsfragen; sie braucht die anderen nicht notwendig, sie ist sich selbst genug. Zum Nachdenken kommt sie nicht, weil ihr actionreiches Leben nur von einem Ziel angetrieben und gezogen wird: Erfolg zu haben. Genau genommen ist sie nicht immer erfolgreich, gelegentlich stürzt sie ab, ertrinkt, verbrennt, wird von wilden Bestien zerfetzt und vieles mehr; aber das macht nichts, denn Lara ist digital. Sie ist die Hauptdarstellerin eines überaus erfolgreichen Computerspieles, von dem mittlerweile fünf Teile erschienen sind. Es gibt sie nur virtuell, aber sie wirkt, sie ist öffentlichkeitsrelevant.

Als wirkender Typus ist sie realer als viele wirkliche Menschen, die weit weniger als sie bewirken. Ihr Kommen hat der Philosoph Martin Heidegger schon 1940 postuliert.

> „Jetzt zeigt sich, was Nietzsche bereits metaphysisch erkannte, dass die neuzeitliche >machinale Ökonomie<, die *maschinenmäßige Durchrechnung alles Handelns und Planens* in ihrer unbedingten Gestalt ein neues Menschentum fordert, das über den bisherigen Menschen hinausgeht." (Heidegger, GA 48, S. 205, *Kennzeichnung* durch F.R.) Dieses Menschentum beherrscht nicht nur die Technik, sondern lässt sich vom Wesen der Technik ganz beherrschen. „Das Auszeichnende der modernen Technik liegt darin, dass sie überhaupt nicht mehr bloß >Mittel< ist und nicht mehr nur im >Dienst< für anderes steht, sondern selbst einen eigenen Herrschaftscharakter entfaltet." (Heidegger, GA 53, S. 53).

Sich „ganz beherrschen zu lassen" heißt seinen Grund, seine Identität, seine Arbeitsprinzipien nicht durch sich selbst, sondern von einem anderem her deuten und bestimmen zu lassen.

Mit Lara wird der Mensch selbst technisch und bestimmt so sein Wesen im Sinne maschineller Herstellbarkeit und Planbarkeit.

• Der Vater des Menschen – der ökonomische Auslegungsmaßstab

Neben dieser technischen (Herstellbarkeit und Planbarkeit) Auslegung des Menschen muss ein weiteres, gleichursprüngliches Auslegungsparadigma aktuellen menschlichen Selbstverständnisses genannt werden. Denn die maschinenmäßige Durchrechnung alles Handelns und Planens und die damit verbundene Formung des Menschen ist nur möglich und wird verstärkt durch die totale und bedingungslose Ökonomisierung aller lebensweltlichen Bezüge. Der Mensch als ein homo oeconomicus.

Das Bild des homo oeconomicus hatte ursprünglich in den Wirtschaftswissenschaften seinen Platz, wo es innerhalb einer fachwissenschaftlichen Theoriebildung benutzt wurde. Das dort benutzte Bild des wirtschaftlichen Menschen lässt sich mit Reiner Manstetten in drei Grundannahmen formulieren:

- Alle ökonomisch relevanten Sachverhalte lassen sich operationalisieren, d. h. mathematisch darstellen.

- Die grundsätzliche Wesensbeschreibung des einzelnen Individuums besteht darin, dass es sehr rational „individualistisch" orientiert ist.

- Das Verhalten von Individuen untereinander lässt sich durch ein „Streben nach maximalem Nutzen" bestimmen. (Vgl. Manstetten, S. 50f.).

Die drei genannten Grundannahmen sind innerhalb einer Fachwissenschaft nützlich oder nicht nützlich. Der Maßstab ist ihre jeweilige Handhabbarkeit. Der springende Punkt an der Sache ist nun der, dass diese Beschreibung des ökonomischen Subjekts (so sind Menschen aus wirtschaftlicher Perspektive) nicht innerhalb der Wirtschaftswissenschaften geblieben ist, sondern als normativ-ethische Sinnvorgabe (so *sollen* Menschen sein) innerhalb der modernen Gesellschaften des Westens und Ostens breite Akzeptanz gewonnen hat. Das bedeutet, so Manstetten, nichts anderes, als dass Ökonomen zu einem sozialen Wertewandel beitragen, „und damit zu einer partiellen Umbildung und Umformung menschlichen Verhaltens." (Manstetten, S. 121).

Das Teilbild des ökonomisch agierenden Subjekts ist zum Gesamtbild des Menschen geworden. Es gibt nichts mehr außerhalb der ökonomischen Sphäre.

> Alle Handlungen und Aktivitäten des Menschen lassen sich nicht nur ökonomisch interpretieren, sondern sie sind nichts anderes, als das ökonomische Streben nach maximalem Nutzen.

Der typologische „Vater" kann im Image von *Markus Koch* gesehen werden. Damit ist nicht die Person gemeint, sondern deren mediale Inszenierung als Börsenguru im und durch den Fernsehsender n-tv. Diese Inszenierung war[28] lange Zeit die optimale Verkörperung des ökonomisch agierenden Teilnehmers in einer ökonomisch geprägten Welt). Immer den neuesten Trends auf der Spur, Meister neuer, nie gehörter Sprachen, von „KGV" bis „volatil" und „turn around", jahrelang eine „sexy story" nach der anderen. Selten schlechte news und auch dann, stets mit einer überzeugenden Erklärung zur Stelle, warum es nicht so lief wie angenommen. Noch etwas mit Carola Ferstel geschäkert und tschüß bis morgen. Und morgen dann ein neues Spiel und neues Glück und Glück hieß stets Profit.

Das Ideal des modernen individuellen und erfolgreichen Menschen ist ein Kind von Lara Croft und Markus Koch.

Die technische und ökonomische Selbstauslegung des Menschen basiert auf den selben Wurzeln bzw. Grundannahmen. Diese lassen sich mit den Schlagworten *Planbarkeit, Herstellbarkeit* und *Nutzbarkeit* anzeigen.

Planbarkeit und Herstellbarkeit sind durch *Verfügbarkeit* gekennzeichnet. Etwas aber, das in seinem Wesen durch *Verfügbarkeit* bestimmt ist, ist ein Ding. Der Mensch geht nicht nur völlig im Vorhandenen auf, sondern bestimmt sich aus diesem als dieses – als Vorhandenes, als Ding. *Dinge haben keine Würde,* sie haben einen relativen Wert und dieser hängt ab von ihrer Nutzbarkeit, d. h. von der Ver*wert*barkeit des Dinges.

Dieses Selbstverständnis des Menschen, dass er im Grunde Vorhandenes ist, wie anderes auch, das planbar, herstellbar, berechenbar und vorhersehbar ist, das nach Bedarf verändert werden kann und seine Wertigkeit durch seine Verwertbarkeit bestimmt, bietet einen entscheidenden Vorteil. Es ist nun möglich sich selbst zu planen, zu gestalten und zu schaffen. Karriere und Glück sind machbar.

Dass dieses Bild vom Menschen so weit von der Wirklichkeit nicht entfernt ist, dass der Mensch sich immer mehr als Objekt von Prozessen erfährt bzw. *andere Menschen im Sinne von Objekten behandelt,* zeigt sich noch in ganz anderer Hinsicht. Nämlich da, wo es um Führung geht. Auch hier ist ein Menschenbild am Werk, das die Idee der Herstellbarkeit, der Planbarkeit und der Verfügbarkeit auf Führungsprozesse anwendet.

2. Führung ist machbar – meint man

Machiavelli lässt grüßen - auch wenn er nur bis Untertürkheim kommt

Was der Fall ist, wurde an einigen gesellschaftlichen Grundannahmen zu Alter, Bildung, Lebensentwürfen und ihren Bezügen zum Verständnis von Führung offengelegt. Als Folge dieser Entwicklung und in sie hinein und sie stützend erscheinen mit hoher Frequenz Publikationen, die das Thema Führung implizit und explizit behandeln. Daraus sollen zwei Veröffentlichungen besonders angesprochen werden, die die extreme Spannweite dessen, wie Führung gedacht und gemacht werden kann, besonders gut verdeutlichen. Es handelt sich um

- Schur, Wolfgang; Weick, Günter, Wahnsinnskarriere. Wie Karrieremacher tricksen, was sie opfern, wie sie aufsteigen, München: Heyne 2001 (Erstauflage 1999) und

- Müller, Mokka, Das vierte Feld. Die Bio-Logik der neuen Führungselite, München: Econ 2001 (Neuauflage der 1998 im Mentopolis Verlag erschienenen Ausgabe).

Der erste Titel ist stellvertretend für einen Typus von Ratgeber genannt, der mit *Machiavelli-Ratgeber* bezeichnet werden kann. Zur Karriere, d. h. zur Macht kommt man mit 69 Methoden von Karriereprofis, mit 48 Gesetzen der Macht oder mit 17 Regeln. Sie kommen alle darin überein, dass das, was sie wollen, nämlich Karriere und Macht, machbar ist.

Wolfgang Schur und Günter Weick, die Autoren von „Wahnsinnskarriere", haben laut Auskunft des Buches in amerikanischen Unternehmen erfolgreiche Karriere gemacht und leiten derzeit eine Unternehmensberatung in Neu-Isenburg. Ihre gesammelten Erfahrungen im Karriereleben haben sie in einer Roman- und Entwicklungsfigur mit dem Namen Thomas Wille zusammengefasst. Als Entwicklungsroman angelegt, erzählt dieser die Geschichte seines Aufstieges. Zur Seite gestellt wird Thomas Wille ein Karrierementor in der Person des Herrn Weiser, eines erfahrenen Praktikers, der in Untertürkheim wohnt und den er zufällig im Zug trifft. Bis zu seinem endgültigen Aufstieg oder Ausstieg (das bleibt offen) hat der Leser 283 kurzweilige Seiten hinter sich gelassen und mit 17 Regeln Bekanntschaft gemacht, die für den Karrieristen zu „beherzigen" sind. Einige dieser Regeln lauten:

- Arbeite nie selbst mit einem Computer.

- Bewege dich im Zentrum der Macht. Sei dort, wo die Musik spielt, und nicht dort, wo gearbeitet wird.

- Verlasse dich niemals auf die Personalabteilung.

- Sei gut mit (nicht zu!) Menschen.

- Verstoße bewußt gegen Regeln.

- Fange viele Dinge an, aber bringe nichts Wesentliches zu Ende.

- Karriere und Unternehmensinteressen haben nichts miteinander zu tun.

- Zeige Kadavergehorsam.

- Sei unnachsichtig und – wenn nötig – ungerecht.

- Teile niemals Erfolg in Gegenwart von wichtigen Leuten.

- Mache aus jeder Mücke einen Elefanten.

- Sei nicht loyal.

- Sei niemals konsequent – wechsle täglich deine Meinung.

- Betrachte deine Familie als den Wurmfortsatz deiner Karriere (Vgl. Schur/Weick, S. 5).

Für die Teilnehmer von Workshops, Seminaren oder Vorlesungen sind manche der Regeln erklärungsbedürftig, mit anderen sind sie bestens vertraut. Grundsätzlich geht es um Selbstdarstellung und Rhetorik. Einige der Regeln finden sich in abgewandelter Form in anderen Ratgebern wieder. Karriere als Machtzuwachs wird hier verbunden mit der Gefahr persönlicher (nicht sozialer – zumindest solange der Karrierist noch im Berufsleben steht) Vereinsamung. Diese ist begründet durch die funktionale Ausrichtung aller zwischenmenschlichen Kontakte.

Sprache degeneriert zum Verhörinstrument und Fragen dienen vornehmlich der Manipulation: „Die wichtigste Grundregel lautet: keine geschlossenen und möglichst auch keine offensichtlichen Fragen zu stellen. Also keine Fragen, die mit *Ja* oder *Nein* beantwortet werden können oder die einfach vorhersehbar sind. Geschlossene Fragen setzen auf Seiten des Fragenden zu viel Wissen voraus. Und auf offensichtliche Fragen wird sich Ihr Gegenüber normalerweise gut vorbereitet haben. Er wird stichhaltige Antworten liefern und den Frager gegen eine bereits vorher aufgebaute Verteidigungslinie anrennen lassen. Eine offensichtliche Frage stärkt in der Regel die Position des Befragten, anstatt ihn in Schwierigkeiten zu bringen. Denn jeder seiner vorbereiteten aus ausgefeilten Antworten wird ihn in den Augen der Zuhörer punkten lassen ... Auch Fragen, die Alternativen anbieten, sind schlecht. Fragen Sie also nicht: „Wollen Sie die Vertriebsorganisation mit eigenem Personal oder mit freien Handelsvertretern aufbauen?" Sie geben dem Befragten schon viel zu sicheren Halt für seine Antwort. Helfen Sie ihm nicht, indem Sie die Lösungsmenge von sich aus einschränken. Treiben Sie ihn ständig mit offenen W-Fragen (Wer? Wieso? Warum? Wann? ...) vor sich her. Geschlossene Fragen sind nur dazu da, Positionen zu sichern, Entscheidungen zu erzwingen oder den finalen Fangschuss zu geben." (Schur/Weick, S. 139f.).

Im Grunde dominiert ein konservatives Menschenbild. Freundschaft, Zuneigung, Solidarität mit anderen ist gut und recht, aber Gift für Karriere.

In aller Deutlichkeit zeigen die Machiavelli-Ratgeber, dass Karriereinteressen und Unternehmensinteressen nicht *a priori* übereinstimmen. In Zeiten immer größerer Leistungserwartung und zunehmender innerbetrieblicher Konkurrenzverhältnisse geht die Schere immer weiter zu Gunsten der eigenen Karrierevorstellungen auf. Die Solidarität gegenüber dem Unternehmen geht zurück, je mehr der Sinn und Zweck des Gesamtunternehmens in Vergessenheit gerät.

Führung wird stets im Zusammenhang mit Karriere thematisiert und personenzentriert problematisiert. Alles, was über den direkten Horizont der Agierenden hinausgeht und gleichwohl Lebens- bzw. Karrieregestaltung beeinflussen kann, wird ausgeblendet.

Karriere wird als Machtzuwachs des Subjekts interpretiert, wobei es zumindest bei der „Wahnsinnskarriere" möglich zu sein scheint, dass bestimmte Lebensbereiche von diesem Machtanspruch frei bleiben.

Karriereplanung hat stets bestimmte Verhältnisse zeitübergreifend zu berücksichtigen. Immer werden z. B. Individuen mit Individuen zu tun haben. Doch die Ausblendung der sozioökonomischen Verhältnisse, die Veränderung kultureller und anthropologischer Konstanten, die Frage nach der Möglichkeit von Führung und Karriere im Paradigma eines neuen Weltbildes diese Frage nimmt auf und formuliert in eindrucksvoller und provozierender Weise Mokka Müller.

Konstruierte Wirklichkeiten benötigen konstruierte Persönlichkeiten

Dagmar Deckstein[29], Wirtschaftsjournalistin, hält die Publikation von Mokka Müller für mehr als ein Buch, „es ist geradezu eine Offenbarung" (Deckstein, S. 26). Dieses Zitat stammt aus einer Rezension von Deckstein, die 1999 in der *Süddeutschen Zeitung* veröffentlicht wurde. Abgedruckt ist das Zitat auf der Rückseite der Neuausgabe. Diese Einschätzung von Deckstein gegenüber dem Buch von Müller hat sich nicht verändert. Im Rahmen eines Kommentars (Süddeutsche Zeitung, Mai 2002) zu einem Symposion zum Thema „Organisation im Wandel" schreibt sie zur Rolle des Individuums und den Aufgaben eines systemischen Beraters, der für die Umsetzung zu sorgen hat: „... am Ende des Weges wird sich wohl die Prophezeiung bewahrheiten, die die Autorin Mokka Müller in ihrem Buch ‚Das vierte Feld' wagt: ‚Die Macht souveräner Individuen wird über alle bekannte Maßen ansteigen.'" (Deckstein, V1/17).[30]

Ein Ausschnitt einer Rezension aus der *Wirtschaftswoche* findet sich an gleicher Stelle: „Sprachlich frisch und rhetorisch raffiniert gibt die Autorin einen umfassenden Einblick in den wirtschaftlichen, kulturellen und gesellschaftlichen Umbruch unserer Zeit. (...) Wer keine Muße hat, die 50 wichtigsten Sachbücher zu lesen, aber dennoch mitreden will, sollte die 400-Seiten-Lektüre nicht auslassen." (Umschlag, S. 4).

Unterstellt werden kann im Allgemeinen, dass die Ausschnitte aus positiven Rezensionen den Kaufanreiz erhöhen sollen. Dann stellt sich allerdings die Frage, welches Bild eines potenziellen Käufers und Lesers wurde hier unterlegt? Ein zeitgetriebener Manager, der auf Schnelllesedurchgänge spezialisiert ist? „Wer keine Muße hat, die 50 wichtigsten Sachbücher zu lesen, aber dennoch mitreden will ..." Wäre statt „Muße" nicht „Zeit" das richtige Wort? Muße hat wohl etwas mit Zeit zu tun, doch gehört zur ihr noch weit mehr. Es muss so etwas wie eine „Geneigtheit" zu einer bestimmten Sache, einem Fach oder Problemkreis hinzukommen. Ohne diese „Geneigtheit zu" bleibt Muße das beschönigende Wort für Langeweile.

Überdies darf auch gefragt werden: Warum soll der, der zur kommenden avantgardistischen Führungselite gehört, überall mitreden wollen und mitreden sollen? Was ist das für eine Vorstellung von Elite? Hieße Eliteseein in Zeiten des flächendeckenden Geredes nicht gerade auch in bewusster Weise auf *diese* Vorstellung von Bildung guten Gewissens verzichten zu können?

Es geht nicht darum, eine Unmenge an Ansichten und Allgemeininformationen aus unterschiedlichen Wissensbereichen zu kennen, sondern die grundlegenden und prinzipiellen Annahmen dieser Bereiche zu verstehen.

Die Anforderungen einer Partykultur, in der small talk ein wesentliches Element darstellt, ist nicht identisch mit den Anforderung an eine Person, die Führung als wesentlichen Teil ihres Managerberufs begreift, und ihn als zielgerichtete Kommunikation mit Personen versteht und betreibt, um dadurch bestimmte Leistungen zu erzielen.

Um was geht es nun in diesem Buch, das so viele andere ersetzen könnte?

Mokka Müller: „Wir sind Zeugen des Entstehens einer ganz neuen, nahezu alles umfassenden ökonomischen Ordnung. Ihr Symbol ist das Netz, ihre Währung das Gewinnen von Aufmerksamkeit und ihre Überlebensregel die Bio-Logik. Den entscheidenden Vorsprung markiert, wer zuerst seine alten Gewissheiten, Erfahrungen und persönlichen Mythen überprüft und nötigenfalls schnell über Bord werfen kann. ... In der neuen Wirtschaft gilt: Wer hat, dem wird gegeben – the winner takes it all." (Müller, S. 396).

Kurz formuliert: Die Ansicht über die Welt ändert sich. Unsere bisherigen Werkzeuge, vor allem unsere monokausal eingesetzte Vernunft und unsere mechanistischen Vorstellung der Welt garantieren nicht mehr zukünftige Probleme zu sehen, geschweige denn sie zu lösen.

Es geht um die Neuschaffung eines Weltbildes. Wir brauchen ein neues Weltbild, weil das Alte nicht mehr die Möglichkeiten bzw. das Instrumentarium bietet, um das, was um uns herum abläuft zu verstehen und uns darin zurechtzufinden. Wer heute agieren und den Markt beherrschen will, muss andere Einstellungen hervorbringen und andere Selbstbilder gestalten. Zum Beispiel:

- „Man glaubt an Möglichkeiten statt an Wahrheiten.
- Man glaubt an die Kraft der Erfindung.
- Man glaubt nicht mehr wirklich an etwas, sondern nutzt das, woran man glaubt.
- Man betrachtet Komplexität nicht als Problem, sondern als Lösung.
- Man hält alles für zugleich gültig." (Müller, S. 212).

Unterstützung für ihre Annahmen findet sie in der Chaostheorie und in den Forschungen von Rupert Sheldrake, der der Natur ein Gedächtnis zuspricht. Sheldrakes Theorie beruht auf der Annahme der Existenz von *Informationsfeldern*, die ‚Morphische Felder' genannt werden. Rupert Sheldrake sieht diese Felder als eine Art Gedächtnis mit Langzeitwirkung: „*„Durch Wiederholung werden die Muster, die sie organisierten, wahrscheinlicher, zunehmend gewohnheitsmäßig. Das erste Feld irgendeines Typs ... entsteht durch einen Sprung. ... Sobald ... ein neues Organisationsmuster entstanden ist, wird dieses morphische Feld durch Wiederholung stärker.'"* (Müller, S. 47).

Auf Unternehmen und deren Führungsvorstellungen bezogen würde dies bedeuten:

„Je mehr Angst und Unsicherheit in einem Unternehmen herrschen, um so mehr Angst und Unsicherheit wird in Zukunft entstehen, egal welche Informationen und Unternehmensphilosophien von oben kommen. Je unglaubwürdiger eine noch so sorgfältig designte Unternehmenskultur ist, um so unglaubwürdiger wird alles, was dieses Unternehmen nach außen kommuniziert. Ein mentales oder morphisches Feld, in dem der kollektive Geist des Unternehmens enthalten ist, kann man nicht durch Informationen formen oder reparieren." (Müller, S. 57).

Die Informationsfelder sind beständig. Das ist gut und schlecht. Schlecht für den Wandel, denn sie prägen Verhalten und den alltäglichen Umgang. Gegen diese Felder anzukämpfen ist nicht möglich, weil die bewusste Auflehnung bzw. die Logik des gewöhnlichen Verstandes ins Leere läuft. Je länger ein Unternehmen besteht, um so stärker wird es von seinen morphischen Feldern, seinen tief verankerten Gewohnheiten gesteuert und sich gegen Veränderungen immunisieren. Das Unternehmen im Kopf ist allemal dauernder und stärker als eine Unzahl an Hochglanzbroschüren, die einen neuen Firmengeist verkünden.[31]

Jedes Unternehmen hat ein ganz spezifisches viertes oder morphisches Feld, das durch „... Kooperationen, Rituale, Werte, Handlungsweisen, Gewohnheiten, Überzeugungen und Beziehungen, aber auch durch Erfahrungen entstanden ist. Man kann dieses Feld nicht sehen und messen, aber man könnte es formen und nutzen, weil es mit dem geistigen oder morphischen Feld der Menschen in diesem Unternehmen verknüpft ist.

Diese These würde eine grundsätzlich neue Dimension im Top-Management eröffnen: *Wir müssen nicht die einzelnen Individuen führen, sondern das morphische Feld des gesamten Unternehmens.* Aufgabe der Führung wäre es vor allem, dieses vierte Feld immer wieder aus seiner Rückbezüglichkeit auf Gewohntes herauszuführen und für neue Erfahrungen zu öffnen, damit kreative Dynamik zur Gewohnheit wird." (Müller, S. 58, *Kennzeichnung* durch F. R.).

Ob *kreative Dynamik* jemals zur Gewohnheit werden kann? Davon zu träumen ist nachvollziehbar, sie zu erwarten nicht realistisch, sie aber machen zu wollen, würde sie notwendig verhindern. Grundlegendes würde sich schon ändern, und das unterstelle ich hier der Autorin, wenn Führung so konzipiert würde, dass das nicht plan- und herstellbare Ereignis Kreativität sich überhaupt einstellen könnte und als solches in seinem Potenzial für das Unternehmen erkannt würde.

Wer bei Führung an Systeme und nicht mehr an die einzelne Person denkt, der nutzt die Annahme, dass es bei der Lenkung eines offenen und komplexen Systems nicht auf die Kenntnis der einzelnen Elemente ankommt, sondern die Kenntnis ihrer Verhaltensweisen genügt. Wer demzufolge komplexe Systeme verstehen und lenken will, muss vor allem die Beziehung zwischen den Elementen beachten. Diese Beziehung zu kennen ist wichtiger als die Natur der Elemente selbst. Aus der Perspektive der Führung ist es nicht mehr entscheidend zu wissen, wer das ist, der geführt werden soll, sondern wie sich diejenige verhalten, die geführt werden sollen.

Alberto Gandolfi spricht die Konsequenz dieses Denkens aus: „Der Mensch, diese Krönung der intelligenten und rationalen Lebewesen, ist nichts weiter als ein (immerhin denkfähiger) Bauer auf dem großen sozialen Schachbrett, der in seinem Gesamtverhalten ganz ähnlichen Gesetzen folgt wie die Termiten." (Gandolfi S. 179).

Für Mokka Müller wird das Netz zum entscheidenden Bild des neuen bio-logischen Denkens der neuen Führungselite: Im Netz gibt es keinen Anfang, kein Ende, kein Zentrum. Alles ist möglich, nichts bleibend, kaum etwas notwendig. Nach Wahrheit zu fragen ist sinnlos, wenn es keine wahre d. h. objektiv-nachprüfbare Wirklichkeit gibt:

„Was es nicht gibt, kann auch nicht wahr sein. ... Es gibt keine absolute Wahrheit, an der wir für alle Zeiten festhalten können. Alles, was ist, verbessert sich in seiner Zeit und löst sich dann wieder auf, um etwas Neues hervorzubringen. So lautet das Programm der Evolution. Was wir aber tun können, ist, unsere

Chancen zu nutzen, darüber zu entscheiden, was sich qualifizieren und was sich auflösen soll, damit etwas Neues und Besseres entstehen kann. Fragen Sie daher nicht, ob es richtig oder falsch ist, was Sie hier lesen, sondern ob es nützlich sein könnte, so zu denken. ... Handeln Sie ‚so als ob'". (Müller, S. 30).

Die Frage ist zu stellen: Was soll von einer Führungselite gedacht, werden, wenn diese ihre Handlungen an den jeweiligen Vorstellungen dessen, was ihr gerade nützlich erscheint, ausrichten soll?

Systemisch gedacht hilft gegen ein altes Paradigma nur ein neues. Der Übergang von einem veralteten Paradigma zum neuen ist nur durch den Durchgang des Systems durch das, was Gandolfi u. a. „Bifurkationsphase" nennen, möglich. Das heißt: Das System ist an den Zustand maximaler Labilität, d. h. auch maximaler zukünftiger Entwicklungsphasen, zu führen, und es gilt dieses in dieser Phase vielfältig zu beeinflussen, auch durch die morphischen Felder.

Die morphischen Felder sind bedeutsam, weil sie beim Umschlag zum neuen Paradigma helfen können, das System in die gewünschte *positive* Richtung zu lenken. Denn wie von der Komplexitätswissenschaft bekannt, kann sich ein System in seiner kritischen Phase sowohl in einen höheren komplexen Zustand „verwandeln", aber auch völlig ins Chaos abgleiten. Und das ist ja nicht angestrebt. „Aus der Evolution und dem Anpassungsverhalten komplexer Systeme können wir einiges darüber lernen, wie sich tiefgreifender Wandel in Unternehmen durchsetzen lässt und wie man ihre innere Vielfalt anregt." (Müller, S. 358). Für die Durchsetzung des Wandels kann die neue Führungselite einiges beitragen, z. B.:

- Destabilisierung von Gewohnheiten: „Bevor Veränderungen durchsetzbar sind, müssen die alten Gewohnheiten destabilisiert werden." (Müller, S. 359). Das System ist als Destabilisiertes hoch sensibel und reagiert auf kleinste Impulse; es steigert Kreativität und Aufnahmebereitschaft. Dafür geeignet ist das Durchbrechen bestehender Rituale, die Veränderung etablierter Symbole, Widersprüche, Informationsstop, schnelle Verhaltenswechsel, Berater von außen, Auflösung des Organigramms.

–   Sinn und Werte: „An einer sinnvollen, gemeinsamen Aufgabe mitzuwirken, etwas Großartiges zu tun ist einer der stärksten Motivatoren für Kopfarbeiter. Sinn und gemeinsame Werte sind äußerst starke Attraktoren. *Ein paar gezielt gesetzte und von der Spitze vorgelebte Grundwerte, z. B. Zusagen einhalten, die Wahrheit sagen, andere unterstützen, fair bleiben, offen für Störungen und Vielfalt sein, lassen eine Vertrauenskultur entstehen.*" (Müller, S. 360, *Kennzeichnung* durch F. R.).

Wer aber dezidiert der Meinung ist, dass es Wahrheit nicht gibt und dass es nicht mehr darum geht, an etwas wirklich zu glauben, sondern lediglich zu nutzen, woran man gerade glaubt, wer alles zugleich für gültig hält, der kann – und das sei Müller ausdrücklich zugestanden – tatsächlich formallogisch kohärent formulieren: „Ein paar gezielt gesetzte und von der Spitze vorgelebte Grundwerte, z. B. Zusagen einhalten, die Wahrheit sagen, andere unterstützen, fair bleiben, offen für Störungen und Vielfalt sein, lassen eine Vertrauenskultur entstehen." (Müller, S. 360). Nur sollte er nicht darauf hoffen, dass dies jemals irgendeinen der untergeordneten Mitarbeiter oder Mitglieder der Führungselite beeindrucken wird. Noch viel weniger sollte erwartet werden, dass durch solch ein Vorgehen eine „Vertrauenskultur" entstehen kann, wenn unter den Worten „Sinn", „Wahrheit", „Grundwerte" in etwa die Bedeutung angezielt wird, die sie im gewöhnlichen Sprachgebrauch haben. So wird mit „Wahrheit" eben doch zunächst und zumeist assoziiert, dass es etwas gibt, woran ich meine Rede orientiere. Dass ich darüber hinaus die *Wahrheit sagen soll, Zusagen einhalten soll,* heißt auch, dass ich das tun soll, auch dann, wenn es mir oder dem Unternehmen nicht nützt. Dann ist aber doch nicht alles zugleich gültig und nicht alles nutzbar woran man gerade *glaubt* und es ist noch viel weniger gleichgültig, *woran* man glaubt.

Was wird von Führenden und von Mitarbeitern gedacht, die durch ein „ein paar gezielt gesetzte und von der Spitze vorgelebte Grundwerte" motivieren und sich motivieren lassen? Wo im Als-ob heute dies und morgen jenes und übermorgen nichts mehr von beiden gilt. Welches Bild und Ideal von Führung ist hier unterlegt?

> Die neue Führungselite ist eine Bewusstseinselite. „[D]ie Mitglieder dieser neuen Elite sind *Hyperrealisten*, d. h. Regisseure ihrer eigenen mentalen Programme. Der Hyperrealismus zeigt ein neues Wirklichkeitsdenken. Normalerweise glauben wir, dass die Wirklichkeit feststehend und fixiert sei, für alle gleich (homogen) und global. Hyperrealistisches Denken sieht Wirklichkeit als Konstrukt, Entwurf, Erfindung. Wirklichkeit wird zur Privatsache." (Müller, S. 61).

Auch die zukünftige Bewusstseinselite bleibt den alten Mächten und Gewalten ausgesetzt. Immer wieder ist der Kampf gegen die Mechanisierung des Denkens nötig, gegen die eingefahrenen Denkmuster, den *„mind cards"* (Müller, S. 395), die sich immer wieder einstellen, wenn entsprechende Alltagssituationen auftreten. Doch gegen schon lange eingeschliffene Fremdprogrammierung hilft aktive Selbstprogrammierung. *Die Fähigkeit zur Selbstprogrammierung ist die zukünftige Kernkompetenz.*

Selbstprogrammierung als zukünftige Kernkompetenz ist natürlich für jeden antiquierten Anhänger eines Selbst des Menschen eine Provokation. Aber – so ist einzuräumen – vielleicht wurde bisher Mokka Müller falsch verstanden. Vielleicht geht es „nur" um die Befähigung des Menschen zu einer flexibleren Anpassung an jeweilig neue Situationen?

> Doch Müllers Konzept geht tiefer. "Das alte Ich-Konzept ging davon aus, dass jeder Mensch eine reife, fest geformte Persönlichkeit entwickeln sollte und das Leben die Charakterzüge immer plastischer und verbindlicher prägt. Diese Auffassung folgt

dem alten Stabilitätsideal, das Konzept nannte man Selbstverwirklichung. Eine gefestigte Persönlichkeit zu sein, einen starken Charakter zu haben galt lange als die späte Segnung einer überwiegend durch Leiden und negative Erfahrungen geprägten Identitätsbildung. Wer nur eine einzige *Identität* hat, verarbeitet und beantwortet die Erscheinung der Welt mit einer Stimme, und das ist in komplexen Situationen viel zu wenig. Menschen werden nicht typischer oder charaktervoller, indem sie sich immer mehr auf einen einzigen, festen Kern hin entwickeln, sondern sie werden dadurch vitaler und typischer, dass sie sich immer häufiger mit ganz unterschiedlichen Szenen, Ideen, Moden, Orientierungen und Gruppen austauschen und vernetzen. ... Die Suche nach dem ‚wahren' Ich wurde abgelöst durch ein ständiges Tasten nach neuen Alternativen.... Immer weniger wird man in Zukunft das Bedürfnis haben, sich psychologisch zu hinterfragen oder gar sich selbst zu entdecken, wo es möglicherweise gar nichts zu entdecken gibt. *Es wird die Gewissheit überwiegen, sein Selbst jederzeit ändern und neu erfinden zu können.*" (Müller, S. 245f., *Kennzeichnung* durch F. R.)

Da ist kein Platz mehr für die bisherigen Vorstellung von Selbsterkenntnis, Selbstannahme und Identität, die – und hier hat Müller Wesentliches erkannt – tatsächlich häufig durch Lebenserfahrungen *gebildet* werden, die schmerzvoll, mit Leid, Enttäuschung und Frustration gepaart sind. Diese Erfahrungen haben in einem selbstprogrammierbaren Konzept von Identität keinen Platz. Dort sind keine Menschen vorgesehen, die *eine Geschichte haben, die nicht immer die ihre ist* und denen doch nichts anderes übrig bleibt, – wenn sie Identität ausbilden wollen, – als diese anzunehmen und in ihr zu existieren.[32]

Was wird vom Menschen gedacht, wenn die Kernkompetenz der Zukunft Selbstprogrammierung ist? Ist er tatsächlich so autonom wie das von Müller unterstellt und für wünschenswert gehalten wird? Gehört nicht zu ihm wesentlich eine Erfahrung, die über die Jahrtausende immer wieder gemacht wurde – und bei der niemand gefragt wurde, ob er sie je machen wollte. Die Erfahrung, dass wir nicht nur körperlich Gebrechliche und Begrenzte sind, sondern – im Sinne einer Wesensbeschreibung, – durch und durch beschränkt, d. h. endlichen Wesens sind. Der Philosoph *Alasdair MacIntyre* hat die Konsequenzen dieser Wesenskonstitution folgendermaßen zusammengefasst:

> „Zwei Tugenden sind es, die den Menschen befähigen, ein gutes Leben zu führen: Die eine ist seine praktische Vernunft, die nach Unabhängigkeit strebt. Die andere aber liegt im Eingeständnis seiner fundamentalen Abhängigkeit." (MacIntyre, 4. Umschlagseite).

Des Menschen Menschlichkeit wird unmenschlich, wenn er eines von beiden ignoriert oder auf Kosten des anderen bekämpft. Wir sind Wesen, denen es aufgegeben ist, ihr Leben selbst zu gestalten und wir vermögen diese Selbstgestaltung nie ohne die anderen. Wir sind Freie, aber nicht von uns dazu gemacht. Und unsere Freiheit ist vielfältig beschränkt und doch nicht so beschränkt, dass wir uns an nichts mehr binden können. Ja, gerade nur der Freie vermag seine Beschränkung nicht als Einschränkung zu sehen, denn seine Beschränkung zeigt ihm die Tatsächlichkeit seiner Freiheit und die Notwendigkeit einer Entscheidung.

Gegen Müller muss daran festgehalten werden, dass Menschen und Unternehmen, werden sie als Identitätsträger bestimmt, wesentlich durch ihre Geschichte fundiert sind. Der Gegenentwurf von Identität, in der Form des einsamen, hartnäckigen und monokausal denkenden Spießers ist eine Karikatur. Müller verwechselt Identität mit dem Vermögen eines Menschen unterschiedliche Perspektiven einzunehmen. Doch nur der, der eine (nicht als Zahl) Identität hat, vermag unterschiedliche Perspektiven als Unterschiedliche zu erkennen und sie zu gewichten.[33] Der Mensch ist seine Geschichte und von daher ist jeder Versuch, den Menschen ohne Geschichte zu denken, sinnlos. Wird nicht gerade dadurch menschenwürdiger Fortschritt notwendig verbaut, solange dies standhaft geleugnet, zielstrebig übersehen und konsequent verschwiegen wird? Ist nicht die unhintergehbare Bedingung für jeden wesentlichen Fortschritt, wie für jede sittliche Handlung die Aufgabe: zu bedenken, was ist?

Wer Gegenwart auf Zukunft hin überwinden will, muss zuerst zurück. Nicht zurück im Sinne einer Wiederherstellung des zeitlich Vergangenen, sondern zurück in seine Ursprünge, in seinen Grund. „Wahrhafter Rückgang in die Geschichte ist der entscheidende Anfang eigentlicher Zukünftigkeit. Kein Mensch ist je von der Stelle und an der Stelle, an der er gerade steht, über sich hinausgesprungen." (Heidegger, GA 34, S. 10).

Wer Neues will durch Trennung vom Alten, der verhindert gerade Identität, Identität im Müllerschen Sinn. Darum kann, wenn ernsthaft der Versuch gemacht werden soll, qualifizierte Veränderungen zu erreichen, dies nur so in Angriff genommen werden, dass die alten Paradigmen auf ihre Ursprünge zurückgeführt werden. In welchem Überlieferungs- und Traditionshorizont, in welchen Herausforderungen stand das Unternehmen damals, welcher ursprüngliche Sinn und welche Leitidee standen hinter einer errichteten Organisationsstruktur, die als gut befunden wurde und von der sich nun zeigt, dass sie den heutigen Anforderungen nicht mehr gerecht wird? Das Gegenwärtige muss als Reaktion auf eine geschichtliche Herausforderung begriffen werden. Sie wird dann verständlich und verstehbar, wenn zugleich mit dem Kennen der damaligen Herausforderung, der Sinn, das Selbstverständnis des Unternehmens bzw. seine unthematisierten Selbstverständlichkeiten aufgedeckt werden.

Und erst dann kann sachgerecht gefragt werden: Sehen wir in dieser ursprünglichen Aufgabe immer noch unser Selbstverständnis und unsere Existenzberechtigung ausgedrückt? Wollen wir, dass sie auch unsere Zukunft beschreibt? Erst aus dieser, wieder übernommenen oder modifizierten Überlieferung, die das Unternehmen für die Zukunft bestimmt und es dadurch orientiert, ist eine sinnvolle, zielgerichtete und sachgerechte Veränderung der Gegenwart möglich.

3. Führung und Wissenschaft – weiß man

Nicht der Leistungsträger ist maßgebend, sondern seine Leistung

Unternehmen können völlig abstrakt und in gewohnter Subjekt-Objekt-Perspektive als etwas genommen werden, das ein wesentliches Moment seines Selbstverständnisses darin sieht, dass es Leistungen erstellt. Dazu braucht das Unternehmen Produktionsfaktoren: Arbeit, Betriebsmittel und Werkstoffe. Mittlerweile werden auch Informationen zu den Produktionsfaktoren gezählt.

„Die menschliche Arbeit ist der bestimmende Faktor jeder betriebswirtschaftlichen Betätigung. Nicht nur als elementarer Produktionsfaktor, sondern auch als Träger der dispositiven Produktionsfaktoren (Leitung, Planung, Organisation) hat die menschliche Arbeit eine herausragende Bedeutung. Mit dem Gesamt der menschlichen Aktivitäten innerhalb des unternehmerischen Kontextes beschäftigt sich die *Personalwirtschaft*" (Olfert/Steinbuch, S. 21).

Der Personalwirtschaft, so heißt es, obliegt die „betriebswirtschaftliche Mitarbeiterversorgung" (Olfert/Steinbuch, S. 22). Diese Versorgung betrifft zwei Aspekten: a) Unternehmensbedürfnisse und b) Mitarbeiterbedürfnisse.

Das *Unternehmensbedürfnis* besteht darin, das Unternehmen in optimaler Weise mit geeigneten Mitarbeitern auszustatten bzw. zu versorgen.

Der zweite Aspekt betont die *Mitarbeiterbedürfnisse*, „denn für die Mitarbeiter eines Unternehmens ist Sorge zu tragen. Sie müssen beispielsweise betreut, entwickelt, geführt, entlohnt und verwaltet werden". (S. 22).

Da es die Aufgabe eines Unternehmens ist, Leistungen zu erzeugen, zu verkaufen etc., sprich zu wirtschaften und all das durch möglichst zweckgerichtete Handlungen, wird diese Aufgabe auch für die Gegebenheiten, die sich auf das Personal beziehen, zum Maßstab. „Da die menschliche Arbeitskraft wertvoll und teuer ist, muss sie effizient und wirtschaftlich eingesetzt werden." (S. 22).

„Das Personal ist die Gesamtheit der Arbeitnehmer eines Unternehmens. Dazu zählen auch die leitenden Mitarbeiter. Arbeitnehmer ist, wer in einem *persönlichen Abhängigkeitsverhältnis* entgeltliche Arbeit verrichtet. In den letzten Jahren hat es sich eingebürgert, die Bezeichnung ‚Mitarbeiter' zu gebrauchen, um damit das partnerschaftliche Verhältnis stärker zu betonen. Das Personal wird häufig auch als Belegschaft bezeichnet." (S. 22, *Kennzeichnung* durch F. R.).

Bis hierher ist von einem Menschenbild nicht die Rede. Der Blickpunkt, das ist zu erwähnen, ist ein wenig anders geartet als der, mit dem wir gewöhnlich mit unserer Welt umgehen. Wir sehen uns in der Welt um und da gibt es viel zu registrieren: Himmel und Erde, Menschen und Tiere, Katzen und Bäume, Fernseher, Lokomotiven, große Autos, kleine Autos, schicke Krawatten, Firmenparkplätze und vieles andere kommt darin vor. Bei all dem, was einem da so begegnet, sich zeigt, sich entzieht ist immer *etwas* da oder nicht da und immer ist dazu ein „*Ich*" da, dem sich das alles zeigt oder entzieht. Ohne uns das groß klar zu machen, teilen wir Welt und Wirklichkeit sehr souverän in „Ich" und den „Rest". Diese Einteilung in Subjekt und Objekt beschreibt nicht nur eine *Reihenfolge*, sondern drückt als *Rangfolge* eine Bewertung aus.

Nicht nur hier, aber auch im hier thematisierten Unternehmenskontext wendet sich diese Reihen- und Rangfolge. Die Subjekt-Objekt-Perspektive wird zwar weiterhin benutzt, allerdings ist nun das Subjekt das Unternehmen, und das „Ich" gehört zum jeweiligen Rest bzw. Objektbereich. Der Mensch ist aus betriebswirtschaftlicher Sicht *Mittel zum Zweck.*

Die Frage nach der Rolle des Menschen als Personal in einem Unternehmen bzw. in der Personalentwicklung wird von Fred G. Becker in einer Deutlichkeit formuliert, die wenig Raum zu Interpretationen lässt:

> „Das Personal wird als Mittel zur betrieblichen Zielerreichung eingesetzt. I. d. R. werden die ökonomischen Ziele den individuellen übergeordnet." (Becker, S. 308).

Der in diesem Satz ausgedrückte Sachverhalt war dem Bisherigen unterstellt und dient dem Folgenden als Basis. Er ist so selbstverständlich, so zutreffend, so evident, so trivial, dass es schon einigen Mutes bedarf, ihn eigens zu thematisieren. Aber, wie im „Überblick" schon gesagt, die Philosophie macht nichts anderes, als das Selbstverständliche wieder zum Fragwürdigen zu machen. Es könnte sich dabei etwas zeigen, das für das Verständnis von geglückter Führung ausschlaggebend ist und doch zumeist übersehen wird.

Dabei geht es im Moment nicht um die ethische Frage, ob das gut oder schlecht ist, unvermeidbar oder historisch gewachsen, also um eine Wertung oder Erklärung, die durch entsprechende ethische Normen gerechtfertigt oder durch zeitgeschichtliche Ereignisse nachvollzogen werden können. Es geht augenblicklich nur darum zu erkennen, was der Fall ist. Was sind die relevanten, zutreffenden und vorausgesetzten Sachverhalte und Annahmen, die für das Thema Führung im Wirtschaftskontext bedeutsam sind?

Eine der impliziten Folgerungen des Sachverhaltes, dass das Personal Mittel zum Zweck der betrieblichen Zielerreichung ist, soll folgendes Beispiel illustrieren.

Ein Personalverantwortlicher sucht „Mitarbeiter" für einen bestimmten Arbeitsbereich. Genau genommen sucht er dafür keine Menschen, sondern Eigenschaften, die für die jeweilige unternehmerische Leistungserstellung benötigt werden. Er sucht im Grunde bestimmte Herstellungskompetenzen. Dass diese Eigenschaften und Vermögen im Moment an Menschen gebunden sind, ist sein Problem. Man muss Menschen einstellen, um bestimmte unternehmensnotwendige Herstellungskompetenzen zu bekommen. Für die Überprüfung der Leistungsträger auf ihre unternehmerisch gewünschten Eigenschaften gibt es die Qualifikations- und Eignungsforschung. „Als Instrumente dienen vor allem die Personalbeurteilung und die verschiedenen Auswahlverfahren." (Becker, S. 311). Wenn das Unternehmen potent ist, unterhält es ein Assessment Center oder lässt die Bewerber durch ein Assessment Center überprüfen. Als Resultate liegen verschiedene Bewerberprofile vor, die eine Menge Eigenschaften und Potenziale nennen, die die Bewerber in Hinsicht auf die Stelle haben oder nicht haben und, weil alles wissenschaftlich läuft, kann auf Wunsch eine exakt angegebene Irrtumswahrscheinlichkeit gleich mitgeliefert werden.

Ich ziehe ein vorläufiges Ergebnis: Der Mensch ist nicht Objekt und schon gar nicht das Thema der Personallehre. Präziser: Die Frage nach dem Wesen des Menschen ist nicht Themafrage. Es geht nicht um die Frage, wer der Mensch ist, sondern um den Nachweis bestimmter Eigenschaften und wie diese Eigenschaften im Sinne des Unternehmensziels besser motiviert werden können. Ob der Mensch ein evolutionäres Produkt, ein hochentwickelter Primat und/oder ein Zweikomponentenmodell leiblich/geistiger Bestandteile ist, ein *animal rationale* (ein mit Vernunft begabtes Lebewesen) und/oder ein Individuum, das durch psychische Dispositionen in seinem Verhalten bestimmt wird, oder der Mensch als Da des Seins bestimmt wird, oder als Abbild Gottes – das ist dem „Personaler" nicht nur ziemlich egal ... .

Wichtig ist nur eines: es muss gewährleistet sein, dass der Leistungsträger die geforderte Leistung, für die er eingestellt wurde auch tatsächlich konstant erbringt und zu einer Leistungssteigerung hinsichtlich der geforderten Eigenschaften motiviert werden kann.

Aus dieser Perspektive erscheint es sonnenklar, dass ein Philosophieren, das nach dem Sein des Seienden und nach dem Wesen des Menschen fragt, für die Fragen des unternehmerischen Handelns hinsichtlich des Personal nichts, aber überhaupt nichts beitragen kann.

Ganz im Gegensatz zu den Wissenschaften, die nicht das Wesen des Seienden suchen und verstehen, sondern das Seiende selbst in seiner Vorhandenheit, in seinem *Wiesein* erklären wollen und zusammen mit der Technik es in Kenntnis seiner Wirkungsweisen nutzen wollen. So kommt es der Psychologie eben nicht darauf an zu fragen, wer der Mensch ist, sondern, *wie* das Seiende, das wir als Mensch bezeichnen, sich in seinem alltäglichen Weltumgang phänomenal zeigt.

„Gegenstand der Psychologie sind Verhalten, Erleben und Bewusstsein des Menschen, deren Entwicklung ... und deren innere ... und äußere ... Bedingungen und Ursachen. ... Das Ziel der Psychologie als Wissenschaft, sind die Beschreibung, die Erklärung und die Vorhersage des Verhaltens (im weiten Sinne). Manche Autoren nehmen als weiteres Ziel die Verhaltenskontrolle hinzu." (Zimbardo, S. 2).

Aus diesem Selbstverständnis wird deutlich, dass die Vorrangstellung der Psychologie im Unternehmenskontext keine zufällige ist. Denn es ist einleuchtend: Wer mit dem Anspruch auftritt – und dazu mit einem *wissenschaftlich fundierten* Anspruch – das Verhalten, Erleben und Bewusstsein des Menschen zu erforschen, zu erklären und auch zu *prognostizieren*, der kommt wie gerufen – gleichgültig, ob die Psychologie als Wissenschaft dies überhaupt kann und ihrem Selbstverständnis gemäß will – wenn es darum geht, das Belegschaftsmitglied, das Personal, den Mitarbeiter auszuwählen und zur Leistungssteigerung anzuhalten bzw. zu motivieren. Dass sie es kann und will, ist gelegentlich in nicht-wissenschaftlichen Publikationen sehr deutlich formuliert, so z. B. unter der Überschrift „Personalauswahl. Kostenloser Test". „Der Lehrstuhl für Psychologie an der Universität Hohenheim hat einen berufsbezogenen Persönlichkeitstest entwickelt, der in der Lage ist, die Qualität der Personalauswahl entscheidend zu verbessern. Er prognostiziert die Leistung und Vertrauenswürdigkeit der Bewerber. Der Test wurde besonders für die Vorauswahl nicht-akademischer Arbeitnehmer konzipiert und hat sich inzwischen in zahlreichen wissenschaftlichen Untersuchungen bewährt. Zur Normierung des Verfahrens werden nun Unternehmen gesucht, die den Test probeweise in der praktischen Personalauswahl einsetzen wollen."[34]

Egal, was der Leistungsträger ist, Hauptsache motivierbar

„Motive sind Verhaltensbereitschaften, unter denen zeitlich relativ überdauernde, psychische Dispositionen von Personen verstanden werden. Sie legen fest, was Personen wollen oder wünschen, wie auf einem inhaltlich bestimmten Gebiet der Person-Umwelt-Bezug aussehen muss, um befriedigend für eine Person zu sein. ... Der Zugang zu Motivation ist schwierig, da sie einer Beobachtung kaum zugänglich sondern eher theoretische Konstrukte sind. Die im Rahmen der Personallehre interessierende Arbeitsmotivation entsteht dann, wenn ein Arbeitnehmer Anreize in der ihn umgebenden Arbeitssituation wahrnimmt, die dazu geeignet sind, individuelle Motive so zu aktivieren, dass dadurch ein Arbeits- bzw. Leistungsverhalten ausgelöst bzw. beeinflusst wird. ... Es gilt, die gesamte Arbeitssituation bewusst und zweckmäßig so zu gestalten, dass diese eine für die Mitarbeiter geeignete Anreizstruktur aufweist und so zur Motivation führt. Dies ist möglich, wenn neben den Kenntnissen über die Umwelt die motivationalen Grundlagen des Verhaltens von Mitarbeitern in Betrieben näher untersucht werden und bekannt sind. Eine einzige, allgemein akzeptierte Motivationstheorie, mit der erklärt wird, wie menschliches Verhalten in Betrieben in Antrieb und Richtung bestimmt ('motiviert') wird, gibt es allerdings nicht." (Becker, S. 325f.).

Ich versuche eine Interpretation: Im Grunde ist der Mitarbeiter, der Leistungsträger, hinsichtlich seines Wesens eine Black-Box. Von dieser ist lediglich auszusagen und anzunehmen, das aber im Sinne eines nicht hintergehbaren Axioms, dass sie in ihrem Wollen und Wünschen und in ihrem Agieren bestimmt wird durch psychische Dispositionen, die Verhaltensbereitschaften darstellen und Motive genannt werden können. Diese psychischen Dispositionen legen fest, wie der Person-Umwelt-Bezug gestaltet sein muss, damit der Leistungsträger diesen Bezug als befriedigend empfindet. Aktivierte Motive sind diejenigen, die durch Anreize angesprochen sind, durch entsprechende Stimuli. „Sind die Erwartungen zudem positiv ausgeprägt, entsteht Motivation." (Becker, S. 325).

Von allen möglichen Motivationen interessiert die Personallehre vornehmlich die Arbeitsmotivation. Die Kunst der Arbeitsmotivation besteht darin, die psychischen Dispositionen des Leistungsträgers derart zu beeinflussen, dass sich bei ihm ein Wollen und Wünschen einstellt, durch das ein Arbeits- und Leistungsverhalten ausgelöst wird, das in Antrieb und Richtung mit den gewünschten Unternehmenszielen konform ist.

Wer also den betrieblichen Leistungsträger bzw. seine Motivationsstrukturen erklären kann, hat den Schlüssel für Leistungssteigerung in der Hand. Die Aufgabe der Führungskraft besteht dann nur noch darin, die jeweiligen neuesten Motivationserkenntnisse in handhabbare Anwendungsmaßnahmen zu überführen.

Angenommen, es trifft zu, dass die jeweiligen wissenschaftlich erarbeiteten psychologischen Erkenntnisse jeweilig mehr und gründlicher und zutreffendere Erkenntnisse zu Verhalten, Motivation und Bewusstsein des Menschen vorlegen, warum fühlen sich die Menschen nicht signifi-

kant wohler bzw. steigern permanent ihre Leistung in ihren Arbeits-
bereichen? Oder tun das alle, und weil es alle tun, bleiben im Grunde
die Konkurrenzverhältnisse dieselben? Oder leisten nicht alle Menschen
das, was sie sollten, und der Grund hierfür liegt im unzureichenden
Transformationsprozess von neuester psychologischer Erkenntnis in
pragmatische Anwendungskonzepte? Oder doch ein Versagen der Führungskräfte, die immer noch oder schon wieder die „falschen", d. h.
veralteten Erkenntnisse einsetzen?

> Jede neue Managementmethode impliziert einen ihr gemäßen
> Führungsstil. Es ist nicht schwer sich vorzustellen, was es be-
> deuten würde, wenn folgende Empfehlung einer Einführung in
> moderne Managementmethoden rigoros umgesetzt würde:
>
> „In diesem Buch werden neben KVP oder TQM aktuellste Ent-
> wicklungen im Bereich der Managementmethoden aufgezeigt,
> denn nur zeitgemäßes Wissen um Methoden kann letztlich hel-
> fen, marktbeherrschende Positionen aufzubauen. Sie sollten sich
> immer einer Sache bewusst sein: Methoden veralten um so
> schneller, je mehr Nachahmer sie finden. Seien Sie deshalb im-
> mer auf der Suche nach neuen Themen, Techniken oder Tech-
> nologien. Stillstand bedeutet Rückschritt." (Füser, IX).

Zaubern Motivationstrainer immer noch die Folie mit der Maslowschen
Bedürfnispyramide oder das Harzburger Modell aus dem Koffer? Oder
wurde allem behaupteten Fortschritt zum Trotz bisher immer noch nicht
die entscheidende Erkenntnis, die „Killerapplikation" zur Motivations-
steigerung gefunden?

All das und jede mögliche Schnittmenge dieser Fragen und Erklärungen ist denkmöglich, und die populäre Führungsliteratur lebt davon.
Indizien, warum es mit der geplanten, wissenschaftlichen Motivation
des Leistungsträgers nicht klappen könnte.

Die Psychologie macht Wissenschaft und den Menschen zum Objekt

Die Ausdrücke „Mensch" bzw. „Person", mit denen wir umgangssprachlich wenig Probleme haben, wurden auch in diesem Text bisher häufig alternativ genutzt. Jederzeit wäre es bisher möglich gewesen, die beiden Termini wechselseitig zu gebrauchen oder mit „Individuum", „Mitarbeiter" und „Arbeitskraft" zu umschreiben.

Die bedenkenlose Synonymisierung von Person, Mensch, Mitarbeiter etc. im hier behandelten Kontext ist nicht zufällig. Wenn das *Personal als Mittel zur betrieblichen Zielerreichung* betrachtet wird, dann müssen damit nicht notwendig – in prinzipieller Hinsicht – Menschen gemeint sein. Dass in unsere Realität faktisch ausschließlich Menschen das Personal bilden, ist zwar historisch-biologisch erklärbar, damit eben auch ein nicht-notwendiger, sondern ein zufälliger Sachverhalt. Jedes nicht-menschliche, intelligente Lebewesen mit den unternehmensspezifisch benötigten Eigenschaften könnte dessen Platz einnehmen, das heißt dem „Personal" zugeschlagen werden. Das ist möglich, weil es im Unternehmenskontext eben nicht um die Person als Person geht, sondern um den Menschen und dessen Leistung. Und diese soll in maximaler Weise dem Unternehmen zugute kommen.

Ausgangspunkt war die Ansicht, die exemplarisch von Becker übernommen wurde, dass es darauf ankommt, das Personal zu motivieren. Es soll in eine motivationsförderliche Situation gestellt werden. An gleicher Stelle wurde von ihm ausdrücklich betont, dass es eine Vielzahl von motivationstheoretischen Ansätzen gibt, und alle basieren auf unterschiedlichen Annahmen. Das heißt: je nachdem, welche Struktur psychischer Verfasstheit dem Leistungsträger unterstellt wird, werden sehr unterschiedliche Motivationsanreizsysteme entwickelt.

Das Entscheidende bei allen Anreizsystemen besteht darin, dass die grundlegende Annahme, „der Mensch bzw. seine Arbeitskraft wird durch seine psychischen Dispositionen bestimmt", *in keinem Fall* mehr angefragt wird. Diese Unterstellung ist eine Grundvoraussetzung für die Zuständigkeit der Psychologie in Motivationsfragen und ist selbst nicht mehr mittels psychologischer Methodik überprüfbar.

Beispiele:
Sehr bekannte, wenn auch überholte Motivationskonstrukte sind die XY-Theorie von McGregor und die Bedürfnispyramide nach Maslow. Interessant ist, dass diese Konstrukte nicht als wissenschaftlich widerlegt bezeichnet werden, sondern als zeitlich überholt. (Vgl. Becker, S. 326). Becker macht darauf aufmerksam, dass andere Konstrukte zur Verfügung stehen, die erklärungsstärker sind, d. h. einen höheren Informationsgehalt besitzen.

Eine ganz andere Frage ist, welchen Stellenwert Maslow und McGregor in der Motivationsindustrie einnehmen und in den Köpfen derjenigen, die entscheiden. Gleichgültig, ob XY-Theorie, Bedürfnispyramide, ERG-Theorie oder die Zwei-Faktoren-Theorie von Herzberg, die alle mehr oder weniger umstritten sind und doch eine starke Resonanz in der Praxis finden, ist es vor allem bei den Prozesstheorien offenkundig, dass es nicht um die Person geht, sondern um das Wie des Funktionierens des Menschen hinsichtlich seiner Motivationsprozesse.

Immer wird die Person als Seiendes unter Seiendem genommen. Sie wird als Objekt gesehen, das durch einen bestimmte phänomenale Gestalt und durch bestimmte empirisch-überprüfbare Eigenschaften von anderem Seienden sich unterscheidet. Ob aber jenseits von phänomenaler Gestalt und Eigenschaften dieses Seiende, das gewöhnlich mit dem Wort Mensch bezeichnet wird, ein mit Vernunft ausgestattetes Tier, ein intelligenter Computer im bio-look oder ein „wirklicher" Mensch ist, das ist für die Grundannahme der psychologischen Motivationsperspektive bedeutungslos.

Hier überschneiden sich die prinzipiellen Annahmen der Psychologie und der pragmatische Anforderungskontext eines Unternehmens, denn für beide gilt: ob die erwünschte und benötigte Handlungskompetenz von einem intelligenten Organismus, einem Tier, einem Androiden oder von einem „wirklichen" Menschen geliefert wird, ist eine Randfrage. Entscheidende Bedingung ist nur, dass wir ein menschenähnliches (kognitive, sensorische und körperliche Fähigkeiten) Seiendes ansetzen, das prinzipiell in der Lage ist, die anstehenden Arbeiten zu erledigen und dass dieses Seiende für Motivationsstrategien empfänglich ist und darauf qualifiziert reagieren kann.

Es kann ohne Problem zugegeben werden, dass dies im Moment eine sehr spekulative, umgangssprachlich formuliert mächtig abgedrehte Überlegung ist, gerade weil es für uns (noch) selbstverständlich ist, dass wir, wenn wir von Mitarbeitern sprechen, Menschen meinen.

Der Punkt, der hier entscheidend ist, ist der, klar zu sehen, dass es in den Fragen der Motivation bzw. Führung zumeist nicht darum geht, was oder wer derjenige ist, der geführt bzw. motiviert werden soll, sondern es ausschließlich darum geht, zutreffende Verhaltenscharakteristika zu erarbeiten, um das Verhalten des Leistungsträgers zielgerichtet modifizieren zu können.

Wer wissenschaftlich führen will, verhindert Führung methodisch konsequent

Wer etwas zu Gehör bringen will, hat höhere Chancen gehört zu werden, wenn er seine Thesen wissenschaftlich absichern kann. „Die Vertreter des Begriffs ‚Personalmanagement' legen viel Wert auf ein Verständnis der Personalfunktion als verhaltenswissenschaftlich fundierte Disziplin." (Becker, S. 307). Wenn etwas „wissenschaftlich" über „Motivation und Mensch" ausgesagt werden kann, so wird, obwohl damit „nur" eine systematisch-methodische Angabe gemacht ist, wie ein bestimmter Aussagegehalt gewonnen wurde, eine Wertung nahegelegt. Aussagen erhalten ein größeres Ansehen, eine höhere Plausibilität, wenn sie wissenschaftlich abgesichert sind.

Karl Poppers erster Satz in seiner *Logik der Forschung* lautet:

> „Die Tätigkeit des wissenschaftlichen Forschers besteht darin, Sätze oder Systeme von Sätzen aufzustellen und systematisch zu überprüfen; in den empirischen Wissenschaften sind es insbesondere Hypothesen, Theoriensysteme, die aufgestellt und an der Erfahrung durch Beobachtung und Experiment überprüft werden." (Popper, S. 3).

Es geht um Sätze, die einen Anspruch haben und die untereinander in einem bestimmten (und keinem beliebigen) Zusammenhang stehen. Der Anspruch besteht darin, dass diese Sätze zutreffende Erklärungen für beobachtbare Phänomene sein wollen. Das heißt nicht, dass das „Ganze der Wirklichkeit" identisch ist, mit den zutreffenden wissenschaftlichen Aussagen, und es heißt auch nicht, dass das „Ganze der Wirklichkeit"[35] sich in wissenschaftlichen Sätzen darstellen lassen können muss. Seit Karl Popper ist klar, dass auch bei den am besten geprüften Sätzen nie gewusst werden kann, ob sie wirklich wahr sind. Deshalb sollten wir seiner Meinung nach immer „nur" von *bewährten* Theorien, nie von *wahren* Theorien sprechen. Alles, was wir seiner Meinung nach wirklich können, ist zu erkennen, dass manche Erklärungen sicher falsch sind. Wir nähern uns an die „Wahrheit" an, durch Aussondern des Falschen.

Die bereits vorgelegte Beschreibung von Psychologie lautete: „Gegenstand der Psychologie sind Verhalten, Erleben und Bewußtsein des Menschen, deren Entwicklung ... und deren innere ... und äußere ... Bedingungen und Ursachen. ... Das Ziel der Psychologie als Wissenschaft, sind die Beschreibung, die Erklärung und die Vorhersage des Verhaltens (im weiten Sinne)." (Zimbardo, S. 2).

Hier wird genau das genannt, was eine wissenschaftliche Untersuchungstätigkeit auszeichnet, damit sie als „wissenschaftlich" bezeichnet werden kann. *Die Phänomene sind zu beschreiben, zu erklären und nach Möglichkeit zu prognostizieren und das alles mit dem Anspruch prinzipieller Intersubjektivität und Wiederholbarkeit.* Um diesen Ansprüchen gerecht zu werden, müssen bestimmte Regeln und Verfahrensweisen beachtet und einhalten werden.

> *Das Kennzeichen der Wissenschaft ist die Methode.* Nicht der Gegenstand, sondern die Art und Weise des verhaltenden Untersuchens gegenüber diesem macht das Wissenschaftliche aus.

Die Idee der wissenschaftlichen Methode und ihr Vorgehen ist seit René Descartes (17. Jh.) immer dieselbe: Isoliere dein Problem, zerlege es anschließend in Teilbereiche, versuche diese Teilprobleme zu lösen und setzte sie wieder zusammen.[36] Die Absicht der Wissenschaft besteht darin, etwas zu erklären, einen bekannten Sachverhalt, ein Phänomen etc. Die dazu erarbeiteten Erklärungen haben immer dieselbe Struktur: wenn ... dann, immer wenn ... dann so, weil ... deshalb. Im Grunde liegt das Charakteristische einer wissenschaftlichen Erklärung drin, dass die vorgelegte Erklärung mit einer Rückführung auf eine anerkannte Gesetzmäßigkeit in Einklang gebracht werden kann.

Für unser alltägliches Verstehen, vor allem in technischen Herstellungsbezügen, ist es von großer lebenspraktischer Erleichterung, wenn wir grundsätzlich unterstellen, dass alle Veränderungen auf Einwirkungen zurückgehen. Oder, kürzer formuliert: *dass alle Wirkungen Ursachen haben.* Die Anwendung eines Kausalitätsschemas wird auch da in Anspruch genommen, wo als Erklärung für Blitz und Donner Götter in Anspruch genommen werden. Verändert haben sich allerdings in der neuzeitlichen Wissenschaft die Anforderungen an die Rationalitätskriterien für wissenschaftlich zulässige Erklärungen.

Da auch die Psychologie wissenschaftlich sein will, muss auch sie ihren Untersuchungsgegenstand „das Verhalten und Erleben des Menschen" und die von ihr zutage geförderten Erkenntnisse in gesetzesartigen Erklärungsmustern formulieren.

Für Immanuel Kant (1724-1804), einem der einflussreichsten und wirkmächtigsten Philosophen der europäischen Geistesgeschichte, ist

Kausalität eine Kategorie des Verstandes und eine apriorische Bedingung von Gegenständlichkeit und in eins damit von Gegenstandserfahrung und -erkenntnis. Erkenntnisse über Naturvorgänge wären nicht möglich, wenn wir nicht schon immer Kausalitätsvorstellungen unterlegen würden. Allerdings wird von ihm die Universalität des Kausalitätsprinzips eingeschränkt auf den Bereich der theoretischen Vernunft. Mit theoretischer Vernunft ist dasjenige Vermögen des Menschen gemeint, mittels dessen wir Erkennen, Schließen und Urteilen. Im Menschen siedelt Kant aber noch ein anderes Vermögen an, das er *praktische Vernunft* nennt. Die praktische Vernunft hat es mit den „Handlungen" des Menschen zu tun. Diese Handlungen sind dadurch charakterisiert, dass demjenigen der „handelt" Freiheit und Willen unterstellt werden müssen. *Wem aber Freiheit und Willen zugeschrieben werden, der kann nicht vollständig durch Kausalität bestimmt sein.*

Damit ist das entscheidende Problem in den Blick geraten. Wenn *wissenschaftliche* Erklärungen auf der Prämisse (natur-)-kausaler Erklärungen gegründet sind, dann steht zu vermuten, dass wissenschaftliche Erklärungsversuche zu Motivierung und Leistungssteigerung eine zutreffende Antwort auf diese Fragen gerade deshalb verfehlen, weil sie *wissenschaftliche* Antworten geben wollen.

Wie kann erreicht werden, *dass er andere von sich aus will?* Eine Antwort darauf muss den Leistungsträger in den Blick nehmen. Er ist dabei aber so in den Blick zu nehmen, dass das, was ihn ausmacht, nicht verdeckt wird. Wesentlich kennzeichnet den Menschen das, was mit *Freiheit* und *Wille* bezeichnet wird. Zutreffend wird der Mensch also nur verstanden, wenn berücksichtigt und anerkannt wird, dass er gerade nicht so wie eine Sache, ein Objekt oder ein Gegenstand, behandelt, untersucht und prognostiziert werden kann.

Können empirisch orientierte Wissenschaften mit Freiheit und Wille phänomengerecht umgehen? Was passiert beim Versuch diese fachwissenschaftlich zu operationalisieren? Schon auf der Ebene von Gegenständen ist der Verlust des phänomenalen Reichtums eines Gegenstandes durch die Anwendung einer wissenschaftliche Problemstellung gravierend. Dazu ein Beispiel:

Ausgangsproblem: Wie kann erklärt werden, dass ein hohler Holzkörper, an dem Metalldrähte angebracht sind, unter bestimmten Bedingungen Schallwellen aussendet?

Die dafür gesuchte wissenschaftliche Erklärung kann durch Experimente gewonnen werden, sie kann mit dem akzeptierten Hintergrundwissen übereinstimmen, und am Schluss wird eine physikalische Erklärung geliefert, die durch und durch richtig ist. Kann aber aufgrund dieser Erklärung verstanden werden, was ein Gitarre ist und wofür sie gut sein soll und wie sie zu „bedienen" ist?

Schon dass eine Gitarre „gespielt" werden muss, lässt sich aus ihrer physikalischen Funktionsweise überhaupt nicht ableiten.

Wem sich das Wesen einer Gitarre nicht in ihrem Musikinstrumentsein offenbart, der kann vieles zu ihren Bestandteilen und ihrem Zueinander wissen, und dennoch wird er sich der Gitarre nicht sachgemäß nähern können.

Extrem überzogen: Der wird sich fragen, was sollen die Metallteile an meinem Feuerholz.

Es ist zugegeben: Weder der Wissenschaftler noch der Philosoph können durch ihr Forschen und Nachdenken über eine Gitarre dadurch Gitarre spielen. *Wer aber die Kategorie der Musik nicht in seinem Repertoire hat, der kann nicht einmal den Wunsch verspüren, über das Spiel mit der Gitarre etwas wissen zu wollen, ja der hat noch nicht einmal die richtigen Fragen zu diesem Problem.*

Auf den *Führungskontext* bezogen bedeutet das: die Einsicht in diesen Sachverhalt und die daraus folgende berechtigte Skepsis gegenüber revolutionären Techniken und Methoden, Tricks etc. zu Mitarbeiterführung und Leistungssteigerung machen noch niemand zu einer Führungspersönlichkeit. Aber schon die Abwehr, die eigene Abteilung zur Spielwiese gerade angesagter Managementtechniken zu machen, kann Gewinn bedeuten. Begründbares Misstrauen gegenüber großartigen Versprechungen, gepaart mit Berechenbarkeit und Stetigkeit gehören nicht per se zu den kontraproduktiven Führungselementen.

Weitere Erkenntnis könnte darin formuliert werden, dass es für einen „Menschen" nicht die materiale Entlohnung oder sonstige, ihm äußerlich bleibende Vergütungen sind, für die er arbeitet.

> Für die Arbeit des Menschen gibt es nur einen einzigen Grund und eine einzige Motivation: dass er *in* seiner und *durch* seine Arbeit zu sich selbst kommt.

Da wird aber auch nicht mehr von „Leistungsträgern" zu reden sein, sondern von *Personen*. Und im Personsein liegt dann auch Grund der Unterscheidung von Wert und Würde.

Es wird eine Menge über den Menschen gewusst, aus *was* er besteht, *was* in ihm vorgeht, *wie* er reagiert usw. Doch dieses Wissen bleibt hohl, wenn nicht danach gefragt wird, wer das ist, der aus diesem und jenem besteht, in dem das und das vorgeht und der so und so reagiert. Wer aber nach dem „ist" fragt, fragt nach dem Wesen, und wer nach dem Wesen des Menschen fragt, fragt nach einem *Wer des Menschen* und nach diesem Wer zu fragen ist nicht mehr möglich mit Hilfe der Wissenschaften, das vermag einzig und allein der philosophierende Mensch selbst.

4. Führung und Philosophie – staunt man

Was ist Philosophie?

Wer in einem Unternehmen mehr als nur seine Zeit absitzen will, wer ein Unternehmen im Rahmen seiner persönlichen Einflussmöglichkeiten nicht nur verändern sondern gestalten will, der muss das Unternehmen kennen lernen. Er muss es zu „verstehen" suchen. Verstehen wird erleichtert, wenn die historischen Entwicklungslinien eines Unternehmens gewusst werden und seine Prinzipien und Grundannahmen erkannt sind. Wer verantwortungsvolle Ausrichtung auf Zukunft betreibt, sei es im Unternehmenszusammenhang, sei es für die eigene Person, der kommt an einer Beschäftigung mit dem Geschichtlichen und mit einer Auseinandersetzung um das Prinzipielle nicht vorbei.

Konkrete Führung bewegt sich um die beiden Brennpunkte einer Ellipse, die mit „Unternehmen" und „Person" gekennzeichnet werden können. Auch das Thema „Führung" und der darin verorteten Frage nach der Führungspersönlichkeit hat diese Brennpunkte zu berücksichtigen.

Aus der Zielperspektive betrachtet, wollen eine Vielzahl von Führungspublikationen dasselbe. Die Wege, wie dasselbe Ziel aber erreicht werden kann und soll, sind jedoch höchst unterschiedlich. Die Verschiedenheit der Wege lässt sich auch erklären durch die jeweils verschiedenen Annahmen über Wirklichkeit und Menschsein. Für die Leser wäre es hilfreich, die vom Autor benutzten Grundannahmen explizit genannt zu bekommen. Meist müssen sie mühsam erschlossen werden. Doch lohnt sich dieses Unterfangen? Ist es bei Führungsfragen, d. h. bei entsprechenden Publikationen, Ansichten und Meinungen wirklich so entscheidend, stets die Grundannahmen des Autors zu kennen? Reicht es nicht aus, das, was der Autor empfiehlt in die Tat umzusetzen? Müssen wirklich, wenn die „48 Gesetze der Macht" (Greene) praktiziert werden oder die „69 besten Methoden der Karriereprofis" (Kellner) anwendet werden, die Grundannahmen der Autoren gekannt werden? Ist das nicht Zeitverschwendung? Entscheidet nicht auch hier der Erfolg über den Weg? Wenn die Rezepte stimmen, dann sind auch die Prämissen der Autoren richtig.

Doch diese rezeptorische Erwartungshaltung führt stets in eine passive Anwendungsfalle. Sie ist verhängnisvoll, weil sie ausliefert, in dem sie Verhaltenssicherheit in genau definierten Situationen liefert. Dadurch bleibt der Rezipient stets abhängig von der Fortsetzungslieferung des Beraterkartells. Weder einem Führungsalltag noch einer verantworteten Alltagsführung kann hiermit verantwortungsvoll entsprochen werden.

Psychologische Lebensbewältigungsliteratur gibt es für alle Lebenslagen. Ob geschieden oder das erste Kind, postnatale Depression oder Krisenpaare, wie komme ich mit einer Geliebten zurande, was mache ich wenn ich zwei habe? Für jedes Problem ein Buch. Im Idealfall stehen zum selben Thema übereinstimmende Thesen und Ratschläge in den verschiedenen Büchern. Keines der Bücher kann einen durch das Problem führen oder es für einen lösen. Das ist so trivial wie selbstverständlich: Das ist je selbst zu tun. Und für dieses Selbstleben kann es keine Anleitung geben.

Das ist zu Beginn eines Studiums immer wieder zu beobachten und ist zunehmend schwerer zu vermitteln. Fächer, die grundlegende Orientierungskompetenzen thematisieren, enthalten abstrakte und sehr allgemeine Inhalte. Philosophische Ethik ist dafür ein gutes Beispiel. Am Anfang wird sie zumeist als Apothekerschrank betrachtet. „Es gibt" oder „Ich habe" das und das Problem und wie bitte heißt dafür die ethisch korrekte Lösung?

Ein Studium war dann erfolgreich, wenn man es sich erlauben kann alles faktisch Gelernte wieder zu vergessen, weil man sich durch das Studium in das Vermögen gesetzt hat, es immer wieder neu zu erarbeiten. Wer fachspezifische Fragen und Probleme unter prinzipiellen fachspezifischen Handlungsorientierungen und Handlungsbedingungen einordnen kann, die es erlauben, aus einer Vielzahl möglicher Lösungswege die herauszufinden, die in vertretbarer Zeit brauchbare Ereignisse liefern, der hat viel gelernt. Anders formuliert: Wer das Konkrete unter das Allgemeine stellen kann und das Resultat mittels seiner Klugheit wieder in die Praxis umsetzen kann, so dass es dieser gerecht wird, der hat begriffen, was studieren heißt.

Nur wer um die Bedeutung von grundlegenden Prämissen und Voraussetzungen weiß und diese identifizieren kann, kann die daraus abgeleitete Folgerungen und Annahmen kompetent beurteilen und vermag sie deshalb auch begründet abzulehnen oder sie zu übernehmen.

● Philosophie – keine Weltanschauung und keine Wissenschaft

Im Wintersemester 1929/30 hielt Heidegger eine Vorlesung mit dem Thema: Die Grundbegriffe der Metaphysik. Welt – Endlichkeit – Einsamkeit. Darin sagte er: Philosophie ist weder Wissenschaft noch Weltanschauung.

„Philosophie gibt sich und sieht so aus wie eine Wissenschaft und ist es doch nicht. Philosophie gibt sich wie Verkündigung einer Weltanschauung und ist es gleichfalls nicht." (Heidegger, GA, 29/30, S. 16).

Dazu kommt eine Verknüpfung beider, die eine doppelte Aufdringlichkeit ergibt. Philosophie wird gelegentlich auch verstanden als wissenschaftliche Begründung einer Weltanschauung. „Dieser doppelte Schein der Wissenschaft und der Weltanschauung erzeugt der Philosophie eine ständige *Unsicherheit.* Einmal sieht es so aus, als könnte man für sie nicht genug wissenschaftliche Kenntnisse und Erfahrungen beibringen – und doch ist dieses >Nie-genug< an wissenschaftlichen Kenntnissen im entscheidenden Moment immer zuviel. Andererseits fordert die Philosophie – so sieht es zunächst aus –, ihre Erkenntnisse gleichsam praktisch anzuwenden und ins faktische Leben zu verwandeln." (Heidegger, GA 29/30, S. 16).

So etwas bleibt der Philosophie immer äußerlich, und die Philosophie verwandelt sich in eine mehr oder weniger gute moralisierende Predigt. Philosophie kann nicht als Mittel zu einem bestimmten Zweck betrieben werden. Philosophie ist als nutzlos zu begreifen, in dem Sinne, dass sie keinem Maßstab praktischer Verwertbarkeit unterliegen darf. Das bedeutet jedoch nicht, dass Erkenntnisse und Fragestellungen, die aus einem zweckfreien Philosophieren gewonnen wurden, nicht auf sehr konkrete und praktische Fragen angewendet werden können oder dürfen.

Gerade für Fragen, die im Zusammenhang mit menschlichen Handlungen stehen – und die Frage nach der Führung ist eine davon – bietet sie einen nicht zu unterschätzenden Vorteil: sie vermag in Gebiete zu führen und darin Orientierung zu geben, die es gemäß wissenschaftlichen Landkarten überhaupt nicht geben kann.

• Philosophie und Zweideutigkeit

Die Gefahr der Zweideutigkeit ist gerade beim Philosophieren besonders groß. Was kann der Dozent nicht alles beweisen. Ist er vielleicht nur, aber immerhin ein Hofnarr oder doch nur ein Komödiant, – wer kann es wissen.

Doch die Überprüfung, ob der Dozent ein Komödiant ist, oder ob er von seiner Sache ergriffen ist, vermag jeder sehr schnell und mit großer intuitiver Gewissheit zu leisten. Denn Philosophieren ist „jedem Menschen von Grund aus zu eigen" (GA 29/30, S. 19). Der Lehrende hat allenfalls das Schicksal oder die Aufgabe eine Veranlassung dafür zu sein, dass dieses Philosophieren in den Teilnehmern erwacht. Würde

Philosophie als Wissenschaft verstanden werden (was sie nicht ist) und unter anderen Wissenschaften eingereiht werden, dann könnte darauf verwiesen werden, dass das mit den Komödianten, Rollenspielern, Scheinautoritäten und Blendern kein spezifisches Problem der Philosophie ist. In jeder Wissenschaft gibt es solche, die irgendetwas verkünden und besonders die populäre Management- und Führungsliteratur ist durchsetzt mit ihnen. Es mag zwar für den Einzelnen ärgerlich sein, es betrifft aber die Vermittlung der Sachgehalte doch nicht grundsätzlich. Schließlich gibt es in den Wissenschaften im Idealfall exakte Beweisführungen, hinreichende Begründungen, hohe Wahrscheinlichkeiten, vernünftige Plausibilitäten etc. Aus der Perspektive des Subjekts formuliert: Wenn ich das Gefühl habe, irgendeiner meiner Dozenten erzählt mir Quatsch zum Thema Qualitätsmanagement oder Finanzmarkttheorie, dann kann mit Hilfe anderer Dozenten, die dasselbe Fach oder Thema behandeln oder durch das Studium von Fachbüchern relativ eindeutig entschieden werden, zu welcher Sorte der Referent gehört.

Noch ganz unabhängig von der Frage, ob die Philosophie eine Wissenschaft ist, steckt dahinter eine *Voraussetzung*, eine Selbstverständlichkeit, die schon lange nicht mehr angefragt wird, nämlich die, *dass das Wesentliche bewiesen werden kann*. Beweisen im Sinne eines neuzeitlich-mathematisch-naturwissenschaftlichen Verständnisses.

Wie fragwürdig diese Ansicht ist, zeigt sich, wenn der Blick von mathematisch beschreibbaren Objekten und Naturvorgängen abgekehrt wird und gefragt wird, ob der durchgeführte Intelligenztest tatsächlich beweist, dass dieses Kind nicht für einen Realschulbesuch geeignet ist; oder, beweist die Funktionsweise des Gehirns, dass das menschliches Bewusstsein als Epiphänomen zu behandeln ist; oder beweisen die Teilnehmerzahlen eines Trainers die Güte seiner Inhalte? Ist Freiheit nur Selbstbetrug, da es bisher noch nicht gelungen ist, Freiheit zu beweisen? Welcher Beweis muss geführt werden, damit die Aussage „Ich liebe Dich" wenigstens falsifiziert werden kann?

Was ist der Grund, das *Beweisbare als das Wesentliche zu nehmen?* Wie ließe sich denn diese Aussage beweisen? Heidegger macht auf die

Möglichkeit des Irrtums aufmerksam, das Beweisbare für das Wesentliche zu halten, und formuliert sehr pointiert:

> „Aber vielleicht ist das ein Irrtum, vielleicht ist beweisbar nur, was im Wesentlichen belanglos ist, und vielleicht trägt all das, was erst bewiesen werden soll, kein inneres Gewicht in sich." (Heidegger, GA 29/30, S. 21).

Und darin sind sich eine Vielzahl von Führungspublikationen einig, dass eine szientistische Rationalität mit ihrer Ausrichtung auf empirisch formallogische Argumentationsmuster sich nicht nur generell als nicht adäquat der lebensweltlichen Wirklichkeit erwiesen hat, sondern dass derartige Handlungsvorgaben und Handlungsempfehlungen gerade in ihrer Anwendung auf Fragestellungen, die Handlungsalternativen von Personen betreffen, kontraproduktive Ergebnisse zeitigen.

• Philosophie und gesunder Menschenverstand

Eine weitere Schwierigkeit des Philosophierens liegt in der naheliegenden Verbindung zum so genannten „gesundem Menschenverstand". Philosophieren, begriffen und verstanden als Aus- und Zwiesprache im Letzten und Äußersten, (so oder so ähnlich nimmt auch das alltägliche Bewusstsein Philosophie) auch wenn es sie „im Sinne von Weltanschauung und absoluter Wissenschaft missdeutet. Zunächst gibt sich nun die Philosophie als etwas, das erstens jedermann angeht und eingeht, und zweitens eine Letztes und Höchstes ist." (Heidegger, GA 29/30, S. 22).

Vorurteil: Philosophie ist etwas, was jeden angeht und ohnehin eingeht

> Irgendwie geht Philosophie jeden an und ist insofern kein Vorrecht für einen bestimmten Menschen oder eine bestimmte Gruppe von Menschen. Und wenn Philosophieren als Aus- und Zwiesprache im Letzten und Äußersten verstanden wird, dann kann keiner ausgeschlossen sein, vorausgesetzt, er

114

nimmt sich dafür Zeit. An dieser Stelle folgt meist ein entscheidender Kurzschluss: „Was jedermann *an*geht, muss jedermann *ein*gehen. Es muss jedermann *ohnehin* zugänglich sein. Dieses >ohnehin< besagt: Es muss unmittelbar einleuchten. Unmittelbar – das heißt: so, wie jedermann gerade geht und steht, ohne weiteren Aufwand für den klaren und gesunden Menschenverstand." (Heidegger, GA 29/30, S. 22).

Klare Aussagen für den gesunden Menschenverstand sind „2 x 2 ist 4", oder „der homo oeconomicus agiert stets vorteilsbezogen". Solche Aussagen versteht jeder, ganz gleichgültig, wer einer ist, was er betreibt oder wie es um ihn steht. „Philosophische Wahrheit muss, gerade wenn sie jeden angeht, jedermann eingehen, gemäß dem alltäglichen Kriterium. Darin liegt unmittelbar beschlossen: *Was* jedermann eingeht, enthält in sich die *Art* und *Weise, in der* es jedermann eingeht. Das jedermann Eingängliche schreibt vor, was überhaupt wahr sein kann, wie eine Wahrheit überhaupt und dann eine philosophische Wahrheit aussehen muss." (Heidegger, GA 29/30, S. 23).

Vorurteil: Philosophie produziert absolute Gewissheit

Wenn es zutreffend ist, dass es sich beim Philosophieren um etwas Äußerstes und Letztes handelt, dann ist es von entscheidender Wichtigkeit dieses Wissen so klar wie möglich von anderem, unwesentlichem Wissen abzugrenzen. Es geht ja nicht nur um irgendein Wissen, sondern um ein Wissen vom Letzten und Äußersten und dieses muss dann folgerichtig das sicherste und gewisseste Wissen sein.

Wieder kommt hier dem gesunden Menschenverstand der Umstand zugute, dass die eingänglichsten Wahrheiten mathematische sind. *Mathematische Wahrheiten bilden die gewisseste, strengste und höchste Erkenntnis.* Damit wäre dann auch der Maßstab geliefert, an dem sich philosophisches Wissen messen kann. Und diese Auffassung lässt sich auch noch philosophisch beweisen! Platon hat am Eingang seiner Akademie schreiben lassen: Keiner soll Eingang haben, der nicht in der Geometrie bewandert ist. Descartes, der Wegbereiter der neuzeitlichen Philosophie, richtete die Philosophie am mathematischen Vorbild aus, und Heidegger zitiert Leibniz, der sagte, dass man ohne Mathematik nicht in die Metaphysik vordringen könne.

Deshalb ist zu fragen, ob die Idee der Wissenschaft der Idee der Philosophie nicht völlig unangemessen ist. Für Heidegger ist der Versuch, Philosophie als Wissenschaft zu verstehen und zu betreiben, eine Zerstörung des Wesens der Philosophie. Denn, wer der Philosophie die mathematische Erkenntnis als Erkenntnismaßstab und als Wahrheitsideal zuschreibt, der gibt die „schlechthin unverbindliche und ihrem Gehalt nach leerste Erkenntnis zum Maßstab für die verbindlichste und in sich vollste, d. h. auf das Ganze gehende Erkenntnis." (Heidegger, GA 29/30, S. 25).

Beim Philosophieren geht es gerade nicht um formale Beziehungen, bei denen es gleichgültig ist, was unter der Zahl 2 jeweils genommen wird, sondern beim Philosophieren geht es darum, worauf die Zahl 2 jeweils bezogen ist. Der Philosophie geht es um die Seinsart, um das Wesen der Dinge, um das, was sie selbst sind, im Hinblick auf sie selbst und nicht als Einzelfall einer bestimmten Art und Gattung.

• Philosophie und wissenschaftliches Wissen.

Die Philosophie ist nichts Allgemeines oder formal Fassbares, weil sie etwas mit dem zu tun hat, durch den sie geschieht, mit dem Menschen. „Sie selbst *ist* nur, wenn wir philosophieren." (GA 29/30 S. 6).

„Aber wissen wir denn, was wir selbst sind? Was ist der Mensch? Die Krone der Schöpfung oder ein Irrweg, ein großes Missverständnis und ein Abgrund? Wenn wir so wenig vom Menschen wissen, wie soll uns da unser Wesen nicht fremd sein? Wie soll sich uns nicht das Philosophieren als ein menschliches Tun im Dunkel dieses Wesens verhüllen? Philosophie – so wissen wir wohl obenhin – ist keine beliebige Beschäftigung, mit der wir uns nach Laune die Zeit vertreiben, kein bloßes Sammeln von Kenntnissen, die wir uns jederzeit leicht aus Büchern beschaffen, sondern – wir wissen es nur dunkel – etwas im Ganzen und Äußersten, worin eine letzte Aussprache und Zwiesprache des Menschen geschieht." (Heidegger, GA 29/30, S. 6).

Wer von der Philosophie etwas wissen will und Fragen an sie hat, muss wissen, wer das ist, der philosophiert. Wer aber nach dem fragt, der philosophiert, der fragt nach dem Menschen. Dieses Fragen geschieht aber nicht aus einer bestimmten wissenschaftlichen Perspektive, also nicht aus einer physikalischen, chemischen, biologischen, soziologischen oder psychologischem Perspektive und macht damit den Fragenden zum Vorhandenen, sondern die Frage der Philosophie geht auf seine Seinsart und sein Wesen: *Was ist der Mensch seinem Grunde nach?* Was ist das Wesen des Menschen? Auch wenn es eine philosophische Frage ist, ist es eine Frage, die immer schon beantwortet sein muss und die jeweilig immer schon beantwortet wurde. Ihre Antwort hat konkreteste, praktische Folgen.

Wer die Frage nach dem Wesen des Menschen explizit stellt, fragt nach seinem je eigenen Sein. Die Frage nach dem Wesen des Menschen und die Frage nach dem Sein des Seienden sind in besonderer Weise aufeinander bezogen. Der, der die Frage stellt, fragt nicht nur nach sich selbst. Das Spezifische dieser Frage besteht darin, wenn sie den Menschen nicht von vorneherein als bloß Vorhandenes fasst und sei es auch als besonderer Gegenstand unter den Gegenständen, *dass sie denjenigen, der wirklich fragt, in seinem Selbstsein verändert.*

Anders hingegen in den Wissenschaften. Hier ist jederzeit Wissenschaft von den Individuen abtrennbar, die sie betreiben. Hinsichtlich der Frage nach der Führung ergeben sich daraus zwei Varianten.

Die *negative Variante* lässt sich an einer Erfahrung verdeutlichen, die viele während ihrer Schul- und Ausbildungszeit gemacht haben und möglicherweise auf Fort- und Weiterbildungen immer wieder machen können. Nämlich die, dass es viele Lehrende gibt, die ein Fach und das ihm zugehörige Fachwissen als Mittel zum Zweck des Lebensunterhaltes und/oder zur strategischen Karriereoptimierung gebrauchen.

Die *positive Variante* handelt von Lehrern, Dozenten, Trainern und Vorgesetzten, die ihre Sache und die ihr zugehörigen Sachfragen und Probleme zu *Ihren* Fragen machen, die Sie angehen und Sie betreffen. So ein Lehrer, der sich nicht nur als Informationsvermittler versteht, sondern sich in seiner ganzen *Person* diesen Anfragen aussetzt, wird eine andere Gestimmtheit und Autorität ausstrahlen. Bei ihm können sich Lernende als Wanderer begreifen, die mit dem Lehrer auf demselben Weg sind und der Lehrer lediglich die Aufgabe des Vorläufers einnimmt, d. h. auch er den zu gehenden Weg nicht vollständig durchschritten hat. So verhilft er seinem Schüler dem Wesen des jeweiligen Faches näher zukommen und kann dadurch zur Veranlassung werden, dass ein Fach zum persönlichen Anruf werden kann, der zu einer *personalen* Antwort nötigt. Diesem Anruf kann sich ein Schüler ohne Probleme verschließen, d. h. ihn ablehnen. Diese Entscheidung kann vom Lehrer nicht mehr übernommen werden. Dass zur Entscheidung aufgerufen wird – durch ihn – das ist seine Leistung.

Dieser Anruf, weil er zur Entscheidung aufruft, vermag Orientierung zu bilden. Aus dieser Gestimmtheit heraus entwickeltes Wissen ist kein bloßes Fakten- und Datenwissen, weil es mit der Person des Lernenden verwoben wird.

Aus dieser Gestimmtheit (verstanden als „Wie-des-Miteinander-Daseins") vermag sich der Einzelne als Element einer Gemeinschaft zu identifizieren, die unter einem gemeinsamen Schicksal oder Auftrag steht. Gemeinschaft und Gesellschaft ist nicht dasselbe. Gesellschaft entsteht durch das Aufnehmen gegenseitiger Beziehungen.

Gemeinschaft aber entsteht nicht, sondern „*ist* durch die vorgängige Bindung *jedes Einzelnen* an das, was jeden Einzelnen überhöhend bindet und bestimmt."[37] (Heidegger, GA 53, Hölderlin, S. 72).

Die Diskrepanz zwischen einem Lehrer, der sich als Informationsvermittler versteht und einem, der in seiner Sache steht und dadurch auch als Vorbild und Vorbildner wirkt, kann vor allem bei den Wissenschaften, die sich dem Erkenntnisobjekt „Mensch" verschrieben haben, bis zur Perversion erfahren werden. Auch eine „Führungskraft" ohne inneren Bezug zur Sache, und zu ihrer „Sache" gehören wesentlich „ihre" Mitarbeiter, ist die Karikatur ihrer selbst bzw. *die* Demotivierungsgröße schlechthin.

• Philosophie produziert Unsicherheit

Die Fragen nach dem Letzten und Äußersten, nicht von irgend etwas, sondern nach uns selbst, haben die höchste Ungewissheit und die größte Unsicherheit in ihrer Folge. Philosophie ist kein gelehrter akademischer Zeitvertreib, sondern wesentlicher Ausdruck des Menschen selbst. Die Wahrheit der Philosophie „ist wesenhaft die des menschlichen Daseins. Die Wahrheit des Philosophierens ist im Schicksal des Daseins mitverwurzelt. Dieses Dasein aber geschieht in Freiheit. Möglichkeit, Wandel und Lage sind dunkel. Es steht vor Möglichkeiten, die es nicht voraussieht. Es ist einem Wandel unterworfen, den es nicht kennt. Es bewegt sich ständig in einer Lage, der es nicht mächtig ist. *All das, was zur Existenz des Daseins gehört, gehört ebenso wesentlich zur Wahrheit der Philosophie.*" (Heidegger, GA 29/30, S. 28, *Kennzeichnung* durch F. R.).

Menschsein ohne Philosophieren ist nicht möglich. Menschsein ist Philosophieren. Die Philosophie ist dem Menschen so nahe, dass er sie in seiner alltäglichen Praxis nicht mehr wahrnimmt und es daher leichtfällt, sie zu leugnen und ihre Relevanz zu bestreiten. Um mit den Dingen der Welt umzugehen, braucht es keine Metaphysik, sondern die rechten Werkzeuge, den richtigen Blick, einen festen Stand – glaubt man. Spätestens dann aber, wenn die Abstände für die Werkzeugwechsel immer kürzer werden, die Sicht immer mehr mit dem eigenen Blickwinkel identifiziert und die eigene Standfähigkeit mit der Tragfähigkeit des Bodens verwechselt wird, wäre das Bedenken des Selbstverständlichen wieder angebracht. Es könnte sich Überraschendes zeigen:

> „Das Wesen des Einfachen und Selbstverständlichen ist es, dass es der eigentliche Ort für die Abgründigkeit der Welt ist." (Heidegger, GA 27, S. 50).

Wo ist die Philosophie, wenn mit den Dingen der Welt umgegangen wird? Wo ist sie, wenn gemeißelt wird, der Blick neu visiert wird und der optimale Stand gesucht wird?

> „Die Philosophie ist *um* den Menschen Tag und Nacht wie der Himmel und die Erde, näher fast noch als sie, so wie die Helle, die zwischen beiden ruht, die aber der Mensch fast immer übersieht, weil er nur das betreibt, was ihm *in* der Helle erscheint. Zuweilen wird der Mensch auf die Helle um ihn eigens aufmerksam, wenn es dunkelt. Aber selbst dann achtet er ihrer nicht sorgsamer, weil er es gewohnt ist, dass die Helle wiederkehrt." (Heidegger, GA 50, S. 101f.).

Wenn es einsichtig geworden ist, dass es in keiner Weise möglich ist, dem Menschen gerecht zu werden, wenn von ihm in den Kategorien der Vorhandenheit, der Planbarkeit und der Herstellbarkeit gedacht wird, und wenn dazu noch berücksichtigt wird, dass sich Führung im Regelfall in hierarchisch ausgerichteten und institutionell organisierten Verhältnissen vollzieht, inwieweit ist es dann notwendig, dass *diejenigen, die Delegationsbefugnis haben, ihre Person in ihre Führungsverantwortung einbringen?*

Und wenn, wie hier unterstellt, Führung überhaupt nur so denkbar ist, was heißt dann, „die Person einbringen" und warum hier Person und nicht mehr Mensch?

Ethik ist Philosophie!

Das Wort „Ethik" wird bei Malik im Register einmal aufgeführt, bei über 400 Seiten nicht eben viel. Müller kommt im Register ganz ohne „Ethik" aus, ebenso wie Gerken. Enkelmann und Kellner haben kein Register. Doch alle diese Bücher sind dadurch charakterisiert, dass sie Handlungsanweisungen und Aufforderungen zu Verhaltensänderungen enthalten. Sie beschreiben, was und wie etwas getan werden soll. Indem sie dieses tun, geben sie moralische Normen und Regeln vor und können dies nur aufgrund einer Theorie von Moral, d. h. einer Ethik.

Besonders deutlich kann dies bei der Veröffentlichung von Fredmund Malik verfolgt werden. Hier lohnt sich auch die Mühe der Auseinandersetzung. Nicht nur weil es ein unaufgeregtes, seriöses und fundiertes Produkt ist, sondern weil es auf einer wissenschaftsphilosophischen Position fundiert ist, die mit einer daraus abgeleiteten Methodologie auf einen konkreten Gegenstandsbereich angewendet wird. Es diskutiert im Grunde die Handlungsimperative einer Bereichsethik.

Man kann Malik auch anders, vordergründig philosophiefrei und positiv formuliert „sachorientiert" lesen. Dann lautet die Botschaft, wie in der Einleitung schon angeführt: Manager brauchen keine Philosophie. Was sie wirklich brauchen, ist „professionelles und wirksames Management. Denn gefragt sind keine theoretischen Konzepte, sondern praxisnahe und effektive Lösungen." (Malik, Führen, Rück-umschlag der Taschenbuchausgabe). Es kommt für die Effektivität und Professionalität von Menschen nicht darauf an, was Menschen sind, „sondern darauf, wie sie handeln." (Malik, S. 26).

Ansätze, die die Bedeutung der Führungspersönlichkeit thematisieren (wie diese Veröffentlichung) gehen in die Irre, weil sie auf Eigenschaften und Persönlichkeitsmerkmale ihr Gewicht setzen „statt auf Handeln und Praktiken – auf das, was Menschen sind, statt darauf was sie tun. Man schließt von Eigenschaften auf Leistungspotenzial. Ein solcher Zusammenhang ist aber durch nichts bewiesen, und durch die Geschichte klar widerlegt." (Malik, S. 33). Dieses Urteil zum Zusammenhang bzw. Nicht-Zusammenhang von Sein und Handeln überrascht.

Wenn stattdessen hier stehen würde, dass es nicht entscheidend ist, was einer den lieben langen Tag daherredet, sondern aus der Perspektive des richtigen Managens einzig und allein entscheidend ist, was er tut, das wäre nachvollziehbar, weil es keine Überraschung anzeigt und selbstverständlich wäre.

Doch noch einmal heißt es klar und deutlich: „Wenn es ... für Effektivität und Professionalität von Menschen nicht auf das ankommt, was sie sind, sondern darauf, wie sie handeln, dann ist in bezug auf das Anliegen dieses Buches ein gewisser Optimismus gerechtfertigt. Zwar kann niemand lernen, so zu *sein* wie ein anderer Mensch; aber bis zu einem gewissen Grade kann man lernen, so zu *handeln*. Die Gemeinsamkeiten des Handelns wirksamer Menschen können weitergegeben werden, ihr Wesen, ihre Eigenschaften und ihre Persönlichkeit nicht. Es ist möglich, die Grundsätze und Regeln, von denen sich jemand leiten lässt, herauszuarbeiten, die Aufgaben, die er zu erfüllen als notwendig erachtet, und die Werkzeuge, die er dabei einzusetzen pflegt; und es ist auch möglich, das alles zu erlernen." (Malik, S. 26).

„Und es ist auch möglich, das alles zu erlernen." (Ebd.) Manager sollen das was funktioniert erlernen. So lautet die Botschaft. Und dazu braucht es keine Wissenschaft. Die Unterscheidung von Wissenschaft und Management zeigt sich darin, dass die Wissenschaften orientiert sind an der Suche nach Wahrheit und an der Gewinnung von Wissen. Dem Management geht es dagegen um Wirksamkeit und Nutzen. „Management fragt: ‚Funktioniert es?'" (Malik, S. 388). Hier liegt das Missverständnis nahe, dass auch Malik eine Reihe von Aufgaben und Werkzeugen analysiert und vorstellt und in der Folge davon Grundsätze und Handreichungen für Handlungen anbietet, die „richtiges" Managen einfacher machen.

> „Wenn man Management als einen *Beruf* versteht, rückt das in den Vordergrund, was man lernen und bis zu einem gewissen Grad auch *lehren* kann ... Management *kann* erlernt werden; es *muss* aber auch erlernt werden." (Malik, S. 47). An anderer Stelle: „Auch auf der Grundlage des konstitutionellen Ansatzes wird man alles unternehmen, um möglichst geeignete Menschen für die Erfüllung von Führungsaufgaben zu finden. Das bleibt eine der Kernaufgaben. Doch alle Auswahlkriterien und –methoden sind fragwürdig und unzuverlässig. Das ist die entscheidende Schwäche jeder personenbezogenen und eigenschaftsorientierten Führungstheorie. Die Konsequenz daraus ist, dass nicht die *Auswahl* von Managern im Vordergrund zu stehen hat, sondern ihre *Ausbildung*; man sucht Manager nicht, sondern man *macht, erzieht* und *formt* sie". (Malik, S. 45).

Hier erzählt einer, *was* getan werden soll und *wie* es getan werden soll. Ein Lehrbuch also und fertig ist die Managementkunst. So kann man dieses Buch auch lesen und viele werden es so lesen. Dafür müssen nur wenige Seiten und Sätze überlesen und ignoriert werden. Werden aber diese Seiten nicht überlesen bzw. in ihrer Bedeutung ernst genommen, dann zeigt sich sehr klar, *dass die Anforderungen, die Malik einem Manager (d. h. einer wirkungsvollen Führungskraft) zuweist, gerade nicht durch die bloße Übernahme von Grundsätzen, Aufgaben und Werkzeugen im Sinne eines Tuns erfüllt werden können.*

Anders formuliert: „Richtiges" Handeln ist an entscheidenden Stellen nicht funktional bestimmt – sondern ethisch! „Richtig" kann an diesen Stellen treffender mit „gut" ersetzt werden. Maliks Verständnis von richtigem Management gründet auf einem ethischen Fundament. Damit wird die ganze Publikation im höchsten Sinne „zweideutig", im Sinn der obige Umschreibung von Philosophie! Damit muss noch kein irgendwie geartetes metaphysisches Wesen des Menschen eingeführt werden, etwa, nur Menschen mit den und den Eigenschaften können Manager werden, aber es muss auch formuliert werden, dass die propagierte Lernbarkeit des Managementberufes an ihre Grenze kommt, wenn bestimmte charakterliche Vermögen nicht vorhanden sind. Das bedeutet aber, dass das Lernbare am Managementberuf eine notwendige, aber noch keine hinreichende Bedingung für einen „guten" Manager, d. h. für eine Führungspersönlichkeit darstellt.

So wichtig das Lernbare ist, und so schwierig das Nicht-Lernbare begrifflich zu fassen ist, die daraus resultierende Schwierigkeit kann nicht davon entlasten gerade darüber gründlich nachzudenken. Wenn es sich dabei um Vermögen handelt, die den Charakter eines Menschen treffen, der „richtige" Charakter aber das Fundament des Managementberufes bildet, dann muss die Frage gestellt werden, ob auch dieser irgendwie „lernbar" ist, zumindest was in diesem Zusammenhang mit „lernbar" überhaupt gemeint werden kann? Zugespitzt werden kann die Überlegung durch die Behauptung, dass charakterliche *Vermögen* gerade keine *Eigenschaften* des Menschen sind!

Was hat das alles aber noch mit der Position Maliks zu tun? Ist diese nicht schon längst verlassen? Werden seine Annahmen nicht nur sehr konsequent, sondern auch noch durch eine philosophische Brille missinterpretiert? Ich glaube nicht. Denn das von Malik hervorgehobene Moment der Lernbarkeit des Managementberufes ist für ihn zwar lernbar, aber nur dann sachgerecht vollziehbar, wenn sich das Subjekt durch eine *Entscheidung* bestimmt hat!

Aufgaben, Werkzeuge und Grundsätze können gelernt werden. „Mit der Verantwortung verhält es sich anders. Auch nach über 20 Jahren Lehrtätigkeit ist mir kein Weg bekannt, wie man Verantwortung lehren kann. Man kann *appellieren*, man kann Verantwortung *fordern*; man kann sie gelegentlich auch *erzwingen*, etwa auf juristischem Wege. Aber im Grunde sind das alles Hilfskonstruktionen. Wesentlich scheint mir etwas anderes zu sein – nämlich eine *Entscheidung*, und zwar eine höchstpersönliche, die man irgendwann in seinem Leben zu treffen hat. (Malik, S. 60).

„Richtige" Effizienz und Professionalität sind auf einen Willensakt, einen Entschluss, d. h. auf ein moralisches Fundament gegründet. Fehlt dieses Fundament, dann ist die Wirksamkeit zwar immer noch gegeben. Auch die gelernten Aufgaben, Grundsätze und Werkzeuge wirken nach wie vor, aber ohne die Entscheidung, d. h. ohne die *Selbstverpflichtung zur Verantwortung,* wird das Handeln eines Managers – obwohl er *dieselben* Aktivitäten ausführt – unterschiedlich bewertet.

„Jeder muss die Entscheidung für sich *selbst* treffen, und er kann sie letztlich nur selbst treffen. Aber eines ist klar: Wer nicht zu seiner Verantwortung steht, *ist kein Manager*, auch dann nicht, wenn er in die höchsten Positionen der Gesellschaft gelangen sollte – und er wird nie ein Leader sein können. Er ist ein *Karrierist*. Die Menschen werden sich der *Macht* beugen müssen, die de facto aus seiner *Position* resultiert, insbesondere diejenigen, die über keine Optionen verfügen. Aber sie werden ihm keine *Gefolgschaft* leisten. Sie werden wegen ihres Einkommens arbeiten, aber nicht um der *Sache willen*." (Malik, S. 61).

Zwei, die das Gleiche tun, werden aufgrund ihrer unterschiedlichen moralischen Einstellung anders bewertet. Der eine ist ein Manager, der andere ein Karrierist. Hier stecken wesentliche ethische Grundentscheidungen. Diese werden zwar nicht thematisiert, sie sind jedoch gesehen und vorausgesetzt.

> „Für Verantwortung ist etwas erforderlich, wofür ich das Wort >*Ethik*< verwende. Ich meine damit aber nicht die Ethik der großen abendländischen Philosophie. Man muss nicht unbedingt die Schriften von Immanuel Kant studiert haben, um im Sinne einer *beruflichen* Ethik zu handeln. Ich meine etwas Bescheideneres, Schlichteres – eine *Alltagsethik* gewissermaßen." (Malik, S. 60).

Ein „guter" Manager zu werden ist nicht möglich ohne Verantwortung für seine Praxis zu übernehmen. Wenn die Zunahme der Verantwortung mit dem Einflussbereich der jeweiligen Berufsausübung steigt, dann müssten einflussreiche Berufe in ihren Aus- und Fortbildungsplänen voll sein mit Ethikunterricht. Das ist nicht der Fall und das ist kein Zufall. Zwar ist „Verantwortung ... nicht eine Sache von Talent und Begabung und schon gar nicht von irgendwelchen transzendentalen Aspekten." (Malik, S. 60). Aber sie ist nun auch nicht so vermittel- und lernbar wie die anderen Elemente des Managementberufs.

Jede wissenschaftliche Beschäftigung mit einem Thema wird an der Stelle zu Ende sein, an der Wertungen ins Spiel kommen. Wo gewertet wird, da ist wissenschaftlich-rationale Begründung nicht mehr möglich bzw. ist hier der Boden seriöser Wissenschaftlichkeit verlassen. Das ist eine der Grundannahmen des modernen Wissenschaftsverständnisses, die der Kritische Rationalismus teilt und mit ausdifferenziert hat.

Eine stärkere Orientierung an Karl Popper, einem der Begründer des Kritischen Rationalismus, der eine größere Offenheit für „metaphysische" Probleme bekundet als Hans Albert, hätte Malik zu einem weniger rigorosen Gegensatz von Rationalität und Entscheidung, von

Fakten und Bewertungen geführt. Obwohl auch Popper annimmt, dass für letzte Entscheidungen nur noch plädiert werden kann, weil sie sich rationaler Begründung und Suche entziehen, macht Popper auch darauf aufmerksam, dass „rational" an Kriterien gemessen wird, die der Kritische Rationalismus selbst vorgibt. Über mögliche andere „rationale" Begründungsmöglichkeiten bricht Popper nicht den Stab.[38]

Popper und Malik ist jedoch zuzugestehen, dass die Realisierung der Vernunft durch den guten Willen – den Entschluss zur Verantwortung – *immer von einem Engagement abhängt*, das sich nicht vermitteln lässt und das damit niemals lernbar ist, „und das man insofern >irrational< nennen mag. Aber diese – zuzugebende – Einschränkung des >Rationalismus< ist nicht – wie Popper und Albert zu glauben scheinen – mit dem Verzicht auf eine rationale Begründung des primären Engagements für die Vernunft identisch." (Apel, S. 412). Der Frankfurter Philosoph Karl-Otto Apel, der als bedeutendster Vertreter der so genannten Transzendentalpragmatik gelten kann, ist dezidiert der Meinung, dass eine Ethik, begriffen als rationales Normbegründungsprogramm, nicht nur möglich, sondern notwendig ist.

> Es „kann behauptet werden, dass die Logik – und mit ihr zugleich alle Wissenschaften und Technologien – eine Ethik als Bedingung der Möglichkeit voraussetzt." (Apel, S. 399).

Die Ansicht Maliks, dass der, der moralisch leben will, nicht Kant studieren muss, ist richtig, wer wollte ihm da widersprechen? Wer aber über Moral und das „gute" Leben systematisch nachdenkt, der wird mit Kant nicht nur früher oder später, sondern sehr früh und häufig Bekanntschaft machen. Erklärungsbedürftig ist nicht der von Malik richtig gesehene fundamentale Beitrag der Moral für die Fundierung „richtigen" Managements, sondern das im Verhältnis zu seiner Bedeutung geradezu groteske Missverhältnis seiner Thematisierung.

Doch – wie gesagt – das ist alles andere als ein Zufall. Es ist vielmehr Ausdruck einer Verlegenheit. Denn in der Ethik, so die selbstverständliche Annahme, geht es um etwas nicht-neutrales, nichtintersubjektives, weil sie zu Entscheidungen auffordert und Handlungen bewertet. So etwas kennt „man" von Weltanschauungen, zu denen auch religiöse Überzeugungen zählen. Doch über persönliche Wert- und Weltvorstellungen ist wissenschaftlicher Diskurs nicht möglich und über persönliche Glaubenshaltungen und Wertvorstellungen ist der Diskurs nicht öffentlich. Im Coachinggesprächen dann allerdings umso mehr und intensiver.

Bildet eine Ethik für Manager eine Bereichsethik, die besondere Normen und Werthaltungen ausbildet und regional begrenzt sind, oder sind Managern dieselben ethischen Normen vorgegeben, wie allen anderen Menschen auch, wenn sie „gut" handeln wollen? Oder, sollen sie ihrem Selbstverständnis gemäß hauptsächlich „richtig" handeln und wenn das dann auch noch „gut" ist, umso besser?

Ob das moralische Selbstverständnis eines Führungsverantwortlichen mit der Erfahrung seiner Sozialisation identisch ist, aus einer Stockwerkarchitektur, aus Privat- und darüber liegenden Geschäftsnormen, oder aus einem Sammelsurium von Verhaltensanweisungen besteht, das die Maßstäbe des je eigenen Handelns aus den jeweilig opportunen Handlungsmöglichkeiten ableitet, das alles ist und wird systematisch einer großen Beliebigkeit anheim gestellt. Wichtig ist nur, dass der Manager irgendwie agiert, ob ethisch oder unethisch, das ist gleichgültig, solange keine Klagen kommen.

Würde als Mehrwert?

Das systematische Nachdenken über menschliches Tun hinsichtlich Gut und Böse wirkt stets gekünstelt, abstrakt und unanschaulich. Ein Grund dafür liegt in der Eigenart des ethischen „Gegenstandsbereiches". Das Untersuchungsfeld der Ethik ist keines, in dem es spezielle, nur dort beobachtbare Phänomene gibt, die nur besonders ausgebildete Fachwissenschaftler und Forscher zu Gesicht bekommen. Im Gegenteil! Das Untersuchungsfeld der Ethik liegt allen Menschen in ihrer alltäglichen Lebenswirklichkeit so nahe, dass schon ein „besonderer Blick" – und nichts anderes heißt Theorie als „hinblicken auf" – nötig ist, um es überhaupt wahrnehmen zu können. Es bedarf einer besonderen Distanzierung, um die Phänomene der Ethik (die Handlungen von Personen) systematisch zu untersuchen. Noch etwas macht das Nachdenken über Ethik nicht einfach.

In der Ethik hat es der Mensch in besonderer Weise mit sich selbst zu tun. *In der Ethik macht sich der Mensch als Person zum Thema.*

Für die Darstellung der Bedeutung einer Ethik innerhalb des Führungskontextes sind einige Unterscheidungen und Verdeutlichungen zweckmäßig. Mit dem Ausdruck *Moral* soll das bezeichnet werden, was vom Einzelnen oder einer Gesellschaft getan wird.

Moral beschreibt eine meist geschichtlich gewachsene Lebenswirklichkeit, die zum großen Teil durch Brauch und Gewohnheit sittlich orientiert ist. Die Mitglieder „wissen", was sich gehört und nicht gehört. Es ist die Ebene der Moral. Die gelebte Moral einer Gesellschaft ist beschreib- und beobachtbar.

Die *Ethik* ist das Nachdenken über Moral. Sie geht wesentlich über eine Theorie im Sinne einer Beschreibung hinaus und beschäftigt sich mit menschlichen Handlungen unter dem Anspruch unbedingter Richtigkeit.

„Das Ziel der normativen Ethik ... und wohl der letzte Zweck einer philosophischen Ethik überhaupt ist es, die jeweils herrschende Moral kritisch zu prüfen sowie Formen und Prinzipien richtigen und guten Handelns zu begründen." (Höffe, S. 59).

Ethik als Disziplin der Philosophie beschäftigt sich mit Handlungen unter der Kategorien des Guten. Weil sie auf die Praxis, auf das Handeln bezogen ist, wird sie auch Praktische Philosophie genannt. *Der Ethik geht es im Gegensatz zu den Wissenschaften, die untersuchen was ist, nicht nur darum wie etwas ist, sondern wie es sein sollte.* Doch gerade deshalb muss es einer Ethik um die Wirklichkeit gehen.

„Gegenstand der Ethik ist die Wirklichkeit, insofern sie in Beziehung steht zur handelnden Möglichkeit des Menschen." (Bucher, S. 35).

Eine normative Ethik entwickelt ihrem Selbstverständnis gemäss Grundsätze, Prinzipien und Normen, die mit intersubjektiv verbindlichem Anspruch artikulieren, wie gehandelt werden soll.

Die Besonderheit der ethischen Perspektive lässt sich in Unterscheidung und Übereinstimmung zur Rechtswissenschaft und den empirischen Wissenschaften verdeutlichen, die sich ebenfalls mit den „Handlungen" von Menschen beschäftigen.

Ein wesentlicher Unterschied zwischen *Recht* und *Ethik* liegt darin, dass die Überprüfung der Rechtmäßigkeit von Handlungen stets aus der Außenperspektive geschieht. Es geht im Recht um die äußere Übereinstimmung von Handlungen mit Rechtssätzen. Warum sich jemand legal verhält ist gleichgültig. Die Frage nach der Gesinnung spielt keine Rolle. In der Ethik geht es dagegen vornehmlich um die innere Einstellung.

Auch die *empirischen Handlungswissenschaften* haben es, mit dem Verhalten des Menschen zu tun. Das Verhalten des Menschen, das den Wissenschaften zugänglich ist, unterscheidet sich jedoch grundsätzlich vom Gegenstandsgebiet der Ethik. Methodisch gesehen sind die empirischen Wissenschaften blind für moralische Normen und Grundbegriffe. Das Gute, das Böse, das Sollen und Nicht-Sollen kommt in ihrem Gegenstandsbereich nicht vor. Sie vermögen wohl

Aussagen über moralische Phänomene zu machen, dann aber unter dem methodischen Anhalt von Ursache und Wirkung.

Nicht jede Aktivität des Menschen ist im ethisch relevanten Sinne eine Handlung. Ethisch relevante Handlungen sind im Gegensatz zu Aktivitäten und Verhaltungen des Menschen dadurch ausgezeichnet, dass sie demjenigen, der sie ausführt, zurechenbar sind. Das Individuum kann dafür verantwortlich gemacht werden. Es lag in seiner Freiheit, diese Handlung zu tun, und damit ist gleichursprünglich ausgesagt, dass es in seiner Freiheit stand, diese Handlung auch zu unterlassen.

Eine normative Ethik verstößt gegen ein entscheidendes Selbstverständnis neuzeitlicher Wissenschaft. Jeder, der als Wissenschaftler ernst genommen werden will, würde sich gegen den Vorwurf verwahren, dass er bewusst wertet bzw. würde alles dafür tun, innerhalb seiner wissenschaftlichen Tätigkeit Wertungen zu vermeiden.

Deshalb kann nur aus der Perspektive der Ethik die bisher nicht behandelte und doch selbstverständlich vorausgesetzte Unterscheidung von *Wert* und *Würde* eine begründete Differenzierung erhalten. Erst aus der Rechtmäßigkeit dieser Unterscheidung bekommt der unterschiedliche Gebrauch der Wörter *Mensch* und *Person* ihren Sinn und zeigt sich die Notwendigkeit ihrer Unterscheidung.

Wer im Führungskontext die *Differenz von Mensch und Person* ignoriert, der darf sich nicht wundern, wenn Mitarbeiter nicht das tun, was sie, aus der Unternehmensperspektive gesehen, tun sollten, und dass der, der Mitarbeiter als Personen nimmt, eher damit rechnen kann, dass sie das, was sie tun sollen *von sich aus tun.*

Werden aber Menschen als Personen anerkannt, dann ergibt sich daraus ein Problem und kein kleines. Die Führungskraft kann dann nicht mehr damit rechnen, dass Personen, die etwas tun, es so tun wie die Führungskraft es will. D. h. wer, wie bei „Menschen" gewohnt,

Ziel und Weg vorgibt, der kann jetzt nur noch Ziele vorgeben und muss es den Personen überlassen, wie sie diese Ziele erreichen.

Daran führt kein Weg vorbei: Die Anerkennung des anderen als Person bedeutet Kontrollverlust.

Genauso muss aber auch gesagt werden, wenn überhaupt irgendwo *langfristige und beständige Leistungssteigerung* erwartet werden darf, dann da, wo Menschen als Personen genommen werden.

Was aber ist dann eine Person im Vergleich zum Mensch und was hat das alles mit Wert und Würde zu tun?

• Wert und Würde – so verschieden wie Terminator und Robo Cop

In der amerikanischen Filmproduktion Terminator II wird eine sehr menschlich aussehende Kampfmaschine aus der Zukunft auf die Erde geschickt, um den zukünftigen Retter der Menschheit zu beschützen. Für den hier leitenden Zusammenhang soll dieser Roboter, der „Terminator", so konstruiert sein, dass es aus der Außenperspektive keine Möglichkeit gibt, ihn von einem gewöhnlichen männlichen Menschenwesen zu unterscheiden. Es ist also empirisch nicht erkennbar, dass es sich beim Terminator um keinen Menschen, sondern um eine Maschine handelt.

Im Vergleich dazu wird nun der „Robo Cop" eingeführt. Entsprechend der Fernsehserie war der Robo Cop ursprünglich ein Mensch, ein Detroiter Polizist, der bei einem Einsatz schwerst verletzt wurde. Sein Körper wurde zerfetzt, sein Bewusstsein zerstört und lediglich sein funktionsfähiges Gehirn und ein Teil seines Gesichtes wurden von der Zerstörung ausgenommen. Um diese Restteile herum wird ein mechanischer Körper gebaut. Das Gehirn wird von geschickten Wissenschaftlern neu programmiert und alles in allem stellt sich somit der Robo Cop als perfekte Kampfmaschine dar. Er sieht von außen auch so aus: Ganz anders als Menschen. Er wird als Roboter Cop auf die Straße geschickt, um für Recht und Ordnung zu sorgen. Er sieht aus wie ein Roboter, er läuft wie ein Roboter und er redet wie ein Roboter – er ist ein Roboter. Bis zu dem Zeitpunkt, an dem er bei einem Einsatz einen Jugendlichen als seinen Sohn erkennt. Da erwacht das Bewusstsein seiner Identität und er weiß um sich.

Stellen Sie sich vor: Beide kämpfen in unserer Realität gemeinsam gegen das Böse, für Recht und Ordnung. Beide werden in einen Hinterhalt gelockt, und Sie haben nun die Möglichkeit, einen von beiden zu retten. Wen retten Sie? Den Terminator oder den Robo Cop?

Natürlich ist diese Form der Frage, wenn die geschilderten Bedingungen zum Maßstab einer Antwort gemacht werden, eine bloß rhetorische Frage. Wenn Möglichkeiten vorhanden sind, Leben zu retten, dann werden wir zuerst den Menschen retten, obwohl er in der Erscheinung des Roboters auftritt, und nicht den Terminator, der uns in vertrauter Menschengestalt entgegentritt.

Wäre aber die Vorgeschichte nicht bekannt, dann hätten Sie – wiewohl objektiv im Unrecht, subjektiv aber ohne Schuld – das menschlich aussehende Wesen gerettet, weil sie es für den tatsächlichen Menschen gehalten hätten und den vermeintlichen Roboter, der in Wirklichkeit der Mensch ist, seinem Schicksal überlassen.

• Was unterscheidet Menschen von anderem Seienden?

Was folgt nun aus diesem Gedankenexperiment? Nun zunächst wohl dies: Wenn wir von einem Lebewesen sagen bzw. urteilen, das sei ein Mensch, dann haben wir Entscheidungsmerkmale an der Hand, die sich im Regelfall gut bestätigen, die wir aber gelegentlich bewusst nicht anwenden, weil sie uns in die Irre führen können.

So sprechen wir dem Terminator das Menschsein nicht zu, obwohl er alle empirisch nachweisbaren Kriterien erfüllt, die es uns erlauben, von einem Menschen zu sprechen. Gleichzeitig sprechen wir aber einer empirisch eindeutig nachweisbaren Maschine den Status des

Menschen zu. Was passiert da und welche Kriterien legen wir bei unserer Beurteilung an?

Die bloße Unterstellung eines Seienden als Mensch oder Maschine beinhaltet Konsequenzen für Handlungen. Das Seiende, das als Mensch bezeichnet wird, wird anders bewertet als das, was als Maschine oder Buch bezeichnet wird. Das unterschiedliche Verhalten wird gewöhnlich dadurch begründet, – falls jemand überhaupt auf die Idee käme, dafür eine Rechtfertigung zu fordern – dass dem Seienden, das als Mensch bezeichnet wird, ein höherer Wert zugesprochen wird als einem Buch, einer Maschine, einer Pflanze oder einem Tier.

• Welche Funktion haben Werte?

Werte lassen sich miteinander vergleichen bzw. in eine Hierarchie stellen. Vom wertlosen Stein über geringwertige Güter, von Eigentumswohnungen mit hochwertiger Ausstattung bis zur wertvollen Perserkatze, ja bis zum hohen Wert der Freiheit, alles lässt sich mit einem Wert auszeichnen. Die je eigenen Wertskalen mögen höchst unterschiedlich sein; wir differieren aber nicht in der Ansicht, dass es unterschiedliche Wertigkeiten gibt.

Das Selbstverständnis vieler Menschen zeichnet sich nun durch eine Besonderheit aus. Sie gehen davon aus, dass es ihrem Selbstwertgefühl gemäß ist, wenn sie sich nicht innerhalb einer Wertehierarchie verorten lassen. Sie stellen sich außerhalb dieser generellen Vergleichbarkeit von Werten. Sie sagen: *Wir haben keinen Wert – wir haben Würde.* Auch im Grundgesetz Art. 1 steht nichts von Wert. Dort heißt es: „Die Würde des Menschen ist unantastbar." (GG Art 1). Auch der Philosoph Immanuel Kant schrieb:

„Allein der Mensch als Person betrachtet ... besitzt eine Würde"[39] (Kant, A 93).

Immanuel Kants Philosophie gehört zu den wirkmächtigsten der Philosophiegeschichte. Der heutige Stand der Diskussion zu den Fragen nach der Würde und dem Wert des Menschen ist maßgeblich durch ihn geprägt. Das bedeutet nun nicht, dass der bloße Verweis auf Kant oder ein Zitat von ihm eine Begründungsleistung erspart. Es bedeutet auch nicht, dass etwas nur deshalb wahr ist, weil Kant es gesagt hat. Es bedeutet aber, dass in diesen Fragen stets zu berücksichtigen bleibt, was er dazu gesagt hat. Doch gerade nach Kant bleibt Selbstdenken die entscheidende Aufgabe.

• Würde und Wert – „wer" macht den Unterschied?

Zunächst einmal ist *Würde* gegenüber *Wert* nur ein neues Wort mit dem eine Differenz signalisiert wird. Wert und Würde haben unterschiedliche Bedeutungsgehalte. Was genau Würde besagt, ist damit inhaltlich noch nicht bestimmt. Das aber kann schon gesagt werden: *Die bei Werten mögliche Vergleichbarkeit soll für Menschen nicht gelten.* Müsste man gerade gegen die Intention Würde doch mit Wert in Beziehung setzen, dann könnte die Formulierung Kants gebraucht werden, dass *Würde* „einen absoluten inneren Wert"[40] darstellt. Das Wort *absolut* ist dabei das entscheidende Wort. Absolut heißt nichts anderes als unabhängig von etwas, losgelöst, diesen miteinander vergleichbaren Wertigkeitsstufen entzogen.

Anders formuliert: *Werte* lassen sich vergleichen, mit *Würde* wird gerade die Nichtvergleichbarkeit hervorgehoben.

Es lohnt sich, dass oben genannte Kantzitat noch einmal aufzunehmen. „Allein der Mensch als Person betrachtet ... besitzt eine Würde". Was beim Zitat Kants, im Gegensatz zur Aussage des Grundgesetzes, auffällt, ist, dass zwar dem Menschen die Würde zugeschrieben wird, aber nur dann, wenn der Mensch als Person betrachtet wird. *Würde ist bei Kant an Personsein gebunden.* Person – Mensch – Würde stehen zwar im Zusammenhang und sind gelegentlich auch Platzhalter füreinander, aber bisher ist nicht ersichtlich, wie diese Abgrenzungen und

Überschneidungen begrifflich gefasst werden können. Zunächst ist noch nicht entscheidbar, ob es sich bei der Würdeauszeichnung des Menschen um eine zutreffende Selbstbeschreibung des Menschen oder um eine Selbstanmaßung im moralischen Sinne handelt.

Aus der *biologischen Perspektive* ist der Mensch ein Lebewesen wie andere auch, wenn vielleicht auch ein besonderes Lebewesen, ein *animal* rationale, ein mit Verstand ausgestattetes „Tier". Aus dieser Perspektive hat der Mensch nicht mehr und nicht weniger Wert als ein Tier. Von Würde ist da ganz zu schweigen.

> „Der Mensch im System der Natur ... ist ein Wesen von geringer Bedeutung und hat mit den übrigen Tieren ... einen gemeinen [gleichen] Wert ..." (Kant, A 93 [Klammer von F. R.]).

Was gibt es aber dann noch für philosophische Begründungsmöglichkeiten, die für die Sonderstellung des Menschen herangezogen werden können?

Der Versuch, die Würde des Menschen aus seinen geistigen Vermögen zu begründen (animal *rationale*) scheint erfolgversprechender. Wer bestimmte geistige Vermögen nachweisbar zeigt, ist eine Person. Der Nachweis von Eigenschaften ist über die Außenperspektive möglich und insofern objektiv kontrollierbar und entscheidbar. Die „Person" muss diese Eigenschaften nachweisen, und nur wer sie *zeigen* kann ist eine Person.

Wenn das bejaht wird, dann ist Personsein, je nach benutztem intellektuellen Kriterium, jedem intelligenten Computer und jedem hochentwickelten Tier zuzusprechen und natürlich auch Menschen, wenn auch nicht allen. Erst wenn mit „Eigenschaften" gearbeitet wird, aber dann wie von selbst, stellt sich die Idee ein, Tiere, Computer und Menschen miteinander zu vergleichen. *Im Dominanzrahmen von Eigenschaften kommt es nicht mehr darauf an, etwas zu sein, sondern es genügt etwas zu zeigen.*

„Selbst, dass er [der Mensch] vor diesen [den Tieren] den Verstand voraus hat, und sich selbst Zwecke setzen kann, das gibt ihm doch nur einen äußeren Wert seiner Brauchbarkeit ... nämlich eines Menschen vor dem anderen, d.i. ein Preis". (Kant, A 93).

Das heißt: Der Versuch, die Würde des Menschen an seinem intellektuellen Vermögen festzumachen, ergibt *unterschiedlich wertige Menschen*. Und das kann tatsächlich zu jeder Zeit problemlos beobachtet werden: Menschen als Verstandeswesen sind kompatibel und verortbar mit und in eine Wertehierarchie. In dieser Wertehierarchie kann ein intelligenter Schimpanse oder ein intelligenter Computer einen höheren Wert darstellen, als ein Mensch im Fötalstadium oder ein dementer Langzeitalkoholiker in der geriatrischen Station eines Bezirkskrankenhauses. Der Starprogrammierer stellt einfach einen höheren Wert dar für das Unternehmen als der Durchschnittsmitarbeiter. Der Vorstand eines Unternehmens hat einen höheren Wert als die Dame am Empfang.

Was bleiben dann noch für Möglichkeiten nicht nur den relativen Wert, sondern die *Würde* des Menschen zu begründen?

Kant sagt: „Allein der Mensch als Person betrachtet ... besitzt eine Würde". Kant nennt den Menschen Person, wenn er aus einer bestimmten Perspektive betrachtet wird. Nicht seine biologische Herkunft, nicht sein intellektuelles Vermögen geben ihm Würde, sondern etwas anderes. Etwas provozierend formuliert: In seinem Schuld-Sein-Können ist seine Würde begründet. In der Selbsterfahrung, ein moralisches Wesen zu sein, liegt die Begründung für die Würdeauszeichnung.

Nicht weil Menschen intelligent sind, viele schwierige Dinge verstehen, die Welt oder den Kosmos begreifen oder die Weltformel suchen oder philosophieren können, nicht in diesen theoretischen Leistungen ist unsere Würde begründet, sondern darin, dass uns unsere Handlungen anrechenbar sind und diese unter der Kategorie des Guten und Bösen, des Sollens und Nicht-Sollens beurteilt werden können.

Die Sittlichkeit der Person begründet die Würde. Eine moralische Person zu sein bedeutet nun nicht, nur dann Person zu sein, wenn wir jeweilig gut handeln, sondern dass wir gut und böse handeln *können* ist das entscheidende Kriterium.

Mit „moralisch" wird nicht die konkrete Qualität einer ganz bestimmten Handlung bezeichnet, sondern mit moralisch wird hier der Umstand angesprochen, dass Handlungen solcher Qualität überhaupt in unserem Vermögen liegen und ausgeführt werden können. Dass wir moralisch qualifizierbare Handlungen frei anfangen können (und gezielt unterlassen können) und für diese verantwortlich gemacht werden können, ist *das* Kriterium. Niemand käme auf die Idee, ein Tier wegen Mordes anzuklagen oder einen Computer mit Freiheitsentzug zu bestrafen.

In der Selbstverantwortlichkeit liegt der Grund unserer Würde. Positiv formuliert: Zitat Kant: *„Autonomie ist also der Grund der Würde der menschlichen und jeder vernünftigen Natur."*[41] Insofern bezeichnet der Ausdruck Person die sittlich-moralische Qualität des Menschen und wie Kant ausdrücklich sagt „jeder vernünftigen Natur". Vor-sich-selbst-verantwortlich-sein-können ist das Kriterium für Person und der Grund für deren Würdeauszeichnung. Was bei Kant klar zum Ausdruck kommt: diese Würde ist nicht notwendig an den Menschen (verstanden als biologisches Wesen) gekoppelt.

> Personsein ist nicht durch eine Außenperspektive nachweisbar. So ist der Körper das Zeichen der Würde einer menschlichen Person.[42]

Deshalb wäre im genannten Gedankenexperiment, in Unkenntnis der Situation, der Terminator gerettet worden, weil er sich in der menschlichen Gestalt zeigte. Bei menschliche Personen (Personsein ist nicht notwendig beschränkt auf die menschliche Gattung) dient der Körper als Symbol der Sittlichkeit. Schon er allein nötigt den anderen, mich und jeden anderen als Person anzuerkennen. Weil das Personsein immer nur aus der Innenperspektive erfahrbar ist, muss ich erwarten, dass die anderen mich aufgrund meiner leiblichen Gestalt notwendig – wenngleich objektiv niemals erzwing- oder einsehbar – als Person anerkennen.

Mein Personsein kann mir nicht von anderen verliehen werden, sondern muss von ihnen anerkannt werden. Ebenso kann ich nicht anderen Personsein verleihen, sondern immer nur anerkennen. Kant hat die Anforderungen, die Personen gegenüber anderen Personen zu erfüllen haben, wenn sie ihrer Würdeauszeichnung gerecht werden wollen in der *Grundlegung der Metaphysik der Sitten* (BA 79) folgendermaßen zusammengefasst :

> „Handle so, dass du die Menschheit sowohl in deiner Person, als in der Person eines jeden anderen, jederzeit zugleich als Zweck, niemals bloß als Mittel brauchest."

So „philosophisch" er klingt, so richtig halten wird diesen Imperativ – wenn es um uns geht. Wir mögen es ganz und gar nicht, wenn wir von irgendjemanden für irgendetwas benutzt werden, wenn wir umsorgt und verwöhnt werden, weil wir etwas unterschreiben oder kaufen sollen. Wir merken intuitiv, wenn uns jemand zulächelt, der es macht, weil man/sie es machen muss, weil es eben im Begrüßungsskript steht. Wir merken intuitiv, wenn wir sehr professionell, sehr freundlich abgefertigt werden.

Andersherum sehen wir zumeist die Dinge nicht so eng, wenn es um unsere Vorstellungen und Pläne geht. Da sollten alle mitmachen, um „unser" Ziel zu erreichen. Das „für mich" kommt meist nicht so direkt zu Ausdruck. Es wird häufig zu einem „an sich" oder „für uns" umformuliert.

• Würde in der Arbeitswelt – Manche haben mehr

Zurück auf den Boden der Tatsachen und die sind nun mal so wie es Fred G. Becker formuliert hat:

„Das Personal wird als Mittel zur betrieblichen Zielerreichung eingesetzt. I. d. R. werden die ökonomischen Ziele den individuellen übergeordnet." (Becker, S. 308).

Die Person ist eben nicht Zweck an sich selbst, sondern Mittel zum Zweck. Zumindest aus der Perspektive eines Unternehmens. Management und Führung als integrale Bestandteile und Momente einer notwendigen funktionale Differenzierung zur Erreichung des Unternehmenszweckes würden sich, wenn sie ihrem Zweck ‚für das Unternehmen da zu sein' widersetzen würden, in einen Selbstwiderspruch treiben. Das einzusehen dürfte keine Schwierigkeiten bereiten. Jedem wird es rational einleuchten: ein Unternehmen hat nicht den Zweck, die „arbeitenden Menschen *zufrieden*, wenn möglich sogar glücklich zu machen" (Malik, S. 27).

Mindestens zwei Anmerkungen können dazu gemacht werden.

– Der Verwirklichung des Unternehmenszwecks impliziert nicht notwendig die Aufgabe Menschen unzufrieden oder gar unglücklich zu machen.

– Die ernsthaftere Anmerkung: Wenn Management und Führung dem Zweck des Unternehmens unterstellt sind, dann sind sie nicht selbst Zweck. Management und Führung sind Mittel zum Zweck, das gilt nun auch für die Menschen, die diese Aufgaben wahrnehmen. Sie sind nicht Herrscher per se, Vorgesetzte qua Eigeninthronisation, sondern dienen selbst einem Ziel und sind selbst einem Zweck unterstellt.

Führungskonzepte, die die Rolle des Managers in den Sprachkategorien des Machens und Herstellens formulieren, geben sich aktiv und dynamisch. Sie sind die „Macher" und „Schaffer" und sie nutzen die

Arbeitskraft ihrer Mitarbeiter und benutzen damit und auch ihn selbst als Mittel zum Zweck. *Doch Führung ist nicht Machen und nicht Herstellen. Führung ist Handeln, und Handeln ist etwas anderes als Herstellen.*

Handeln ist nicht Machen!

Die grundlegenden und damit entscheidenden Aufgaben, die eine Führungspersönlichkeit zu erfüllen hat, sind nach Buckingham/Coffman (S. 62):

- Mitarbeiter auswählen.

- Klare Leistungserwartungen aufbauen.

- Mitarbeiter motivieren.

- Mitarbeiter entwickeln.

Das alles sind Handlungen, und die Aufgaben sind nicht eben neu. Doch bisher wurden die spezifischen Charakteristika von Handlungen noch zu wenig herausgestellt. Bei der Differenzierung von Würde und Wert wurde eine Begriffsfestlegung vorgenommen.

Als *Handlung* soll nur das angesehen und bezeichnet werden, was durch *Autonomie* „verursacht" ist. Handlungen sind dadurch ausgezeichnet, dass sie nicht oder auch anders getan hätten werden können. Auch ein gezieltes Nichttun ist eine Handlung. Handlungen erfordern von dem, der handelt, Vernunft, Freiheit, Wille und Können.

Handlungen können der jeweiligen Person zugeordnet werden. Sie *kann* vor anderen und *muss* vor sich selbst Rechtfertigung geben können, warum sie so und nicht anders gehandelt hat. Alle Tätigkeiten, Reaktionen und Verhaltensweisen, die nicht vom Willen initiiert sind,

141

fallen aus dem Focus einer Ethik heraus. Nur da, wo der Wille einer Person involviert ist, und sei es auch nur, dass sie etwas billigend in Kauf nimmt, kann das spezifische Kriterium (Gut – Böse) einer Ethik greifen. Ebenso müssen „Handlungen" von „Ereignissen" unterschieden werden. „Handlungen unterscheiden sich von Ereignissen durch Absichtlichkeit. Absichten setzen Erkennen und Wollen des Handelnden voraus." (Bucher, S. 47).

Als Naturwesen können wir unsere Biologie nicht (immer) überspringen. Wer erwartet, dass ein „guter" Mitarbeiter jeden Tag 18 Stunden arbeitet, der redet nicht nur Unsinn, sondern fordert Unmenschliches. Das vermag niemand, auch wenn er es möchte.

Wer stets verlautbaren lässt, dass nur die Besten Platz im Unternehmen haben und Zweiter sein Verlierer heißt, der redet nicht viel besser. Welcher Mensch (der im Wesen ein endliches Wesen ist – in Überlebenskategorien geredet stets ein Verlierer bleibt) vermag das und welcher kann solches fordern?

Werden diese Einschränkungen berücksichtigt, dann kann festgehalten werden, dass so gesehen zumeist nicht gehandelt wird. Meistens wird reagiert oder durch festgelegte Verhaltensroutinen agiert. Die Anforderungen der alltäglichen Lebenssituationen in den Rang einer Handlung zu stellen würde zu grenzenloser Überforderung führen. Es ist nicht nur unmöglich, jeden Morgen unter der Zugrundelegung von Freiheit, Wille und Können stets neu über den Weg ins Büro nachzudenken – es wäre auch nutzlos. Die eingefahrenen Gewohnheiten haben sich ja deshalb ausgebildet, weil sie Komplexität reduzieren.

Das Leben wird einfacher und beherrschbarer. Strukturen und Anforderungen unserer individuellen Lebenswirklichkeit haben uns in ein festes Korsett standardisierter Verhaltensregeln und herrschender Gruppenmoralen eingewoben.

Gelegentlich wird darüber gestöhnt, doch der Nutzen ist nicht zu verachten. Man weiß, was man zu tun hat, und man weiß, was sich gehört. So weiß man bei der Abarbeitung oder beim „Ableben" der typischen Anforderungen eines gewöhnlichen Arbeitstages, ob man noch im Rahmen liegt, im Verzug ist oder einen zeitlichen Vorsprung herausgearbeitet hat, den man nutzen kann für die Aufgaben des nächsten Tages.

Sich so auf Betriebstemperatur zu halten und in dieser Betriebsamkeit aufzugehen ist zwar anstrengend, aber auch beruhigend. Sie gibt das Gefühl, dabei zu sein, die Dinge im Griff zu haben. Wer die beruflichen Anforderungen planen, handhaben und prognostizieren kann, der hat gute Gründe zur Annahme, dass er die Lage beherrscht, die Dinge meistert – und damit auch sich selbst. Im völligen Aufgehen in der Betriebsamkeit des Alltags ist die Gefahr nicht mehr groß, überhaupt noch zu bemerken, dass es die „Dinge" sind, die das eigene Leben bestimmen. Doch in dieser organisatorischen Abarbeitung des eigenen Lebens im Alltag passiert noch etwas anderes.

Gerade für Führungskräfte ist das Alltagsgeschäft gleichbedeutend mit der Begegnung mit anderen Menschen. Diese begegnen ihnen nicht nur als Mitarbeiter, Kollegen, sondern auch als Weisungsgebundene, Kostenfaktoren, Krankenstand etc.

> Die Wahrscheinlichkeit ist nicht klein, dass das rechnende, planende und herstellende Verhalten auf die Mitarbeiter übertragen wird und mit ihnen in Herstellungsbezügen statt in Handlungsbezügen umgegangen wird.

Für die Unterscheidung von Handeln und Herstellen soll nun das Entscheidende des Managerberufes, d. h. das, was eine Führungspersönlichkeit auszeichnet, nämlich seine Haltung, verdeutlicht werden. Erst dann ist es sinnvoll, die Sprache als *das* Werkzeug des Führenden näher zu betrachten.

Von Georg Wieland[43] wird die Darstellung der Unterscheidung von Herstellen und Handeln übernommen. Nach ihm kann das, was mit Herstellen gemeint ist, besonders gut im industriellen Umfeld verdeutlicht werden. Hergestellt werden Autos, Waschmaschinen, Modelleisenbahnen und vieles mehr. Für das Herstellen ist es charakteristisch, dass es bestimmte Zielvorstellungen und Modelle gibt, an denen der Herstellungsprozess orientiert ist.

„Das Modell-Ziel-Vorbild ist in einem doppelten Sinne *objektiv:* es leitet die Herstellung als intersubjektiver Maßstab, an dem Produzent und Benutzer in gleicher Weise die Qualität des Produktes ablesen können; und es bleibt nach der Fertigstellung des Produkts gegenwärtig, so dass jederzeit identische Produkte hergestellt werden können." (G. Wieland, S. 37).

An der Orientierung an einem Ziel und einem vorgegebenen Modell ergeben sich eine Reihe von Charakteristika des Herstellens.

- Das Hergestellte ist am Modell objektiv *überprüfbar.* Es gibt Kriterien, die es erlauben das Hergestellte objektiv zu beurteilen.

- Das Hergestellte ist objektiv *lehrbar.* Der Herstellungsprozess kann in einzelne Schritte zerlegt werden. Jeder dieser Schritte ist vollständig beschreib- und reglementierbar. Wer diesen Herstellungsprozess ausführt ist belanglos. Jeder ist durch jeden ersetzbar.

- Der Herstellungsprozess kann als identischer jederzeit wiederholt werden. Die *Reproduzierbarkeit* gehört zu seinem Wesen und gibt die Möglichkeit exakt die gleichen Produkte und Qualitäten herzustellen.

- Der Herstellungsprozess muss in hohem Maße *situationsunabhängig* sein. Gleichgültig wo Coca Cola oder ein Auto produziert wird, der Produktionsort und die –umstände dürften nicht auf die Qualität des Produktes Einfluss nehmen. (Vgl. G. Wieland, S. 37f.).

Alle diese Charakteristika gelten für eine Handlung nicht. Die „richtige" Handlung ist nicht durch ein Modell vorgegeben und kann damit auch nicht nachgemacht werden.

Was das Gute in der je einmaligen Situation ist, lässt sich nicht verobjektivieren und lässt sich nicht in Abläufe zerlegen, die gelernt und bei Bedarf reproduziert werden können. Denn jede Handlung verändert die vorhergegangene Situation grundlegend. Jede Handlung baut auf die bisher erfolgten auf und geht als Bedingungsgrundlage in die Folgende ein. Jede Situation ist einmalig, so wie die darauf gegebene Handlung einmalig ist.

Deshalb können ethische Normen immer nur allgemein formuliert werden. Handle gut. Wie das Gute jeweilig konkretisiert wird, kann nicht allgemeingültig formuliert und verordnet werden.

Schon der Versuch nimmt die Person in ihrer faktischen Existenz nicht mehr ernst bzw. nimmt die Faktizität des Daseins (dass es je meines ist) als Eigenschaft und nicht mehr als dem Dasein wesentlich.

Weil Handlung an eine Person gebunden ist, kann die Person nicht ersetzt werden. Für den Selbstanspruch an und durch die eigene Moralität kann es keine Stellvertretung geben. Handlungen qualifizieren sich durch ihre moralische Qualität. Die Gesinnung ist aus der Außenperspektive nicht zugänglich. „Handeln im eigentlichen, nämlich im moralischen Sinne, entzieht sich der reglementierenden und rationalen Planung." (G. Wieland, S. 39).

Positiv formuliert lassen sich weitere Merkmale des Handelns gegenüber dem Herstellen anführen: Handeln ist unwiderruflich, Handeln ist unbedingt und im Handeln enthüllt sich die Person.

„a) Unwiderruflichkeit bedeutet, dass man keine Handlung ungeschehen machen kann. Dies ist offenkundig eine Variante der Unmöglichkeit, eine Handlung zu wiederholen. ‚Etwas ungeschehen machen' enthält den Anspruch, eine Handlung ohne Spur und ohne Verwundung aus der Biographie eines Menschen zu entfernen. Ein solcher Anspruch interpretiert Lebensvollzug und Handlung nach technischen Vorstellungen. Im Herstellungsprozess lassen sich z. B. Teile austauschen (Reparatur), ohne dass dadurch das Ganze in seiner Identität berührt würde.

Im Handlungszusammenhang gibt es solche ‚Reparaturmöglichkeiten' nicht. Hier sind Reue und Verzeihung die eigentlichen Möglichkeiten des Umgangs mit vergangener Handlung. Weder Reue noch Verzeihung machen die Vergangenheit ungeschehen, sondern setzen die geschehene Handlung gerade voraus.

b) Unbedingtheit bedeutet, dass es keine Handlung unter Vorbehalt gibt. Vorbehalte werden im Handlungszusammenhang zwar immer wieder formuliert (‚nur wenn du das oder das tust, tue ich das'), aber bereits diese Formulierung als Haltung und Handlung genommen ist in sich unbedingt. Man kann den gleichen Gedanken auch so ausdrücken: Es gibt kein Handeln ‚auf Probe'. Der ‚Probelauf' – für das Herstellen oft genug ganz unverzichtbar – ist im Lebens- und Handlungszusammenhang immer der ‚Ernstfall.'

c) Im Handeln zeigt sich der Mensch in seiner Eigenart und Einzigartigkeit. Er offenbart, wer er ist und wer er sein will. Ein Urteil über das Handeln ist ein Urteil über den Handelnden, über die Person selbst. Der Herstellungsprozess bleibt wesentlich anonym. Es kommt bei ihm entscheidend darauf an, die Besonderheit des Produzenten auszublenden. Deshalb ist Herstellen prinzipiell geschichtslos. Denn Geschichte zielt auf unverwechselbare Besonderheit." (G. Wieland, S. 39f.).

Handlungen können nicht nachgeholt oder wiederholt werden. Sie sind einmalig, weil sie frei begonnen werden und sich auf eine bestimmte, einmalige, nicht-wiederkehrende Gegenwartssituation beziehen. Hier und jetzt muss ich mit dem Mitarbeiter reden, und ich kann mit ihm nicht auf Probe reden. Ich selbst muss mit ihm reden. Weder gibt es dazu einen Stellvertreter noch eine Technik, die mir die Verantwortung abnehmen wird. Diese Gespräche können nicht nachgeholt werden. Denn das Jetzt-nicht-mit-einander-Sprechen, vielleicht später einmal, iniziiert eine neue Situation, eine neue Lage, neue Sachverhalte, die bleibend und unrevidierbar die Realität beeinflussen. Das bedeutet, eine Führungspersönlichkeit muss stets die Macht und die Folgen kennen, die Sprachhandlungen über andere ausüben können. Die Verletzung des Mitarbeiters durch ausgeführte oder unterlassene Sprach-Handlungen können nicht mehr ungeschehen gemacht werden. Der Schmerz der Verletzung kann, wenn schnell reagiert wird, gelindert werden, gelegentlich lässt sich die Verletzung auch heilen, aber Narben bleiben, sichtbar oder unsichtbar, stets zurück.

Entscheidungen, die den Mitarbeiter in grundsätzlicher Weise betreffen dürfen nicht per E-Mail gesendet werden. Nein zu sagen, per E-Mail oder durch die Sekretärin sagen zu lassen, ist zwar leichter, doch wer hat je behauptet, dass Führung leicht ist?

An den alltäglichen Situationen des Führungsalltags entscheidet sich, ob der Führende noch im Selbstbildungsprozess steht. Persönliche Begegnung ist immer mit der Gefahr des Misslingens behaftet. Doch wenn sie gelingt, und dem Gesprächspartner beispielsweise klar gemacht werden kann, warum diese Nein gesprochen wurde, profitieren beide Gesprächspartner davon. Der gedankenlose und oft nicht notwendige Einsatz technischer Kommunikationsmittel führt zur Erodierung von personalen Verhältnissen.

Wenn der Beruf eines Managers darin besteht, mit anderen Personen zielgerichtete Kommunikation zu betreiben, dann können die oben genannten Aufgaben Mitarbeiter auswählen, Leistungserwartungen aufbauen, Mitarbeiter motivieren und Mitarbeiter entwickeln nur ausgeführt werden, wenn sie, was „selbstverständlich" ist, an Sprache gebunden sind. *Führung geschieht in und mit Sprache.* Die Sprache ist das mächtigste Handlungswerkzeug, das einer Person zur Verfügung steht.

Und das kann zu jeder Zeit beobachtet werden. Stets wird die Sprache als Werkzeug genommen. Man kann Sprache als Werkzeug betrachten, das ist kein Problem. Wie der Mensch eben eine Reihe von Eigenschaften hat, so hat er auch die Eigenschaft oder das Werkzeug der Sprache. Und mit Werkzeugen lässt sich mehr oder weniger gut hantieren, mit Werkzeugen lässt sich einiges herstellen und machen.

Ohne Einschränkung ist die Verbesserung von Werkzeugen bzw. des Werkzeuggebrauchs stetig zu optimieren. Wer einen größeren Wortschatz hat, bei dem ist die Wahrscheinlichkeit höher, das treffendere Wort für die Sache zu finden. Doch es gilt die Reihenfolge einzuhalten, die in der Frage nach dem Meistersein angeschnitten wurde. Es gilt auch hier, dass aus einem Vorgesetzten *nur deshalb, weil er eine Reihe von Rhetorikseminaren besucht hat,* nicht automatisch eine Führungspersönlichkeit wird.

Ein Gespräch ist wesentlich mehr als bloßes Reden miteinander. Im Miteinander-Reden passiert etwas.

5. Das Selbstverständliche gründlicher sehen

Sprache versammelt und lässt die Sache sehen

Wenn Führung etwas mit zielgerichteter Kommunikation zu tun hat, dann ist die Sprache das vorzüglichste Mittel für diese Kommunikation. Doch das mit der Sprache ist so eine Sache. In großer Eindringlichkeit verweisen besonders die Machiavelli-Ratgeber auf die Bedeutung der Sprache. Für diese ist die Sprache *das* Werkzeug der Beeinflussung und somit *das* Organ des Führenden. Rhetorik wird in diesem Verständnis genommen als Unterstützung zum möglichst vollständigen Ausrichten des Mitarbeiters auf die vom Vorgesetzten ausgegebenen Weisungen. Rhetorik als Trickkiste dient dazu, den Widerstand des Mitarbeiters zu unterlaufen, eventuelle kritische Rückfragen zu umgehen, zu entwerten oder sie als Scheineinwände zu entlarven.

„Die Personalarbeit bei der Bahn hat auch im zurückliegenden Jahr wichtige Erfolge erzielt; dennoch konnte eine nachhaltige Zustimmung zu den Zielen der Offensive Bahn noch nicht erreicht, deren Chancen und Nutzen für den einzelnen Beschäftigten noch nicht ausreichend deutlich gemacht werden. Hier sind vor allem die Führungskräfte gefragt, ihre Mitarbeiter zu informieren und auf unseren Weg zur besten Bahn mitzunehmen. (Hartmut Mehdorn, Die Bahn, Personal- und Sozialbericht 2001, S. 1).

Hier wird der Ehrlichkeit halber gleich von *Informieren* statt von *Gesprächen* geredet. Da, wo informiert wird, ist klar, dass es auf der Seite des Rezipienten nur darum geht, ob die Information inhaltlich angekommen ist. Wie der Empfänger zu diesem Inhalt steht ist eine andere Sache, aber bei einer Information im Grunde gleichgültig. Denn über Inhalte ist bei einer Information nicht mehr zu diskutieren.

Nicht ohne Ironie kann man darauf hinweisen, dass es aber hier um die Vorteile und Chancen (aus der Sicht der Geschäftsleitung) der DB-Mitarbeiter geht, die aber, so scheint es, noch nicht so recht von diesen wahrgenommen wurden.

Zum Informationsaustausch bzw. zur Informationsaneignung muss keiner persönlich anwesend sein. Lernen verstanden als das Aneignen von Informationen oder Sachverhalten geht auch mit CD-ROM oder anderen asynchronen Medien.

Informierende Mitteilungen, mit den daraus folgenden Konsequenzen werden häufig auch als Gespräche bezeichnet. Nun muss überhaupt nicht bestritten werden, dass Delegations- und Weisungsbefugnis zu den ureigenen Kompetenzen von Vorgesetzten gehören. Dass Anordnungen, und Weisungen jedoch als Gespräch deklariert werden, Gespräche aber durch Austausch charakterisiert sind und jeder echte Austausch von einem noch zu erarbeitenden, d. h. offenen Ergebnis „lebt", ist das eigentliche Problem. Diese Umdeutung des Gesprächs untergräbt nicht nur die sprachliche Basis von Führung und Geführtem.

• Die Rede stellt die Sache vor

„Sichaussprechende Rede ist Mitteilung. Deren Seinstendenz zielt darauf, den Hörenden in die Teilnahme am erschlossenen Sein zum Beredeten der Rede zu bringen." (Martin Heidegger, GA 2, S. 223).

„Sichaussprechende Rede ist Mitteilung." Das könnte auch übersetzt werden mit „wenn einer redet, dann sagt er was". Wird es so übersetzt, dann ist es ein Paradebeispiel für „nichtssagende Plattitüden". Doch der Satz „Sichaussprechende Rede ist Mitteilung" kann auch so verstanden werden, dass darin zum Ausdruck kommt, *dass Reden dem Grunde nach etwas zeigen will.* Wenn einer redet, dann sagt er *etwas von etwas.* Er teilt etwas mit. Die Rede dient dazu, den Hörenden in ein Verhältnis zu stellen zum dem, worüber in der Rede ausgesagt wird. Die Rede dient dazu, etwas mittels der Rede sehen zu lassen.

Der Sprechende steht dabei in einer ganz besonderen Position. Er legt, vor den Hörenden – in und mit seiner Person – für die Sache Zeugnis ab.

Wie er von dieser Sache spricht, die seine ist, und wie die Sache sich darstellt, von der er spricht, hängt von drei Bestimmungen ab, die, wenn sie fehlen, eine Rede misslingen lassen (vgl. Heidegger, GA 18, S. 167).

– Dem Redner fehlt die Sachkompetenz. Er überblickt sie nicht ganz. Die Sicht auf die Sache und die Sache selbst sind verschieden. Sobald dies dem Zuhörer offenkundig wird – der es selten konkretisieren kann und es trotzdem mit großer intuitiver Sicherheit spürt – spricht er dem Redner die Glaubwürdigkeit ab.

Sehr viel besser, weil der Sache angemessener wäre es, nicht von vorneherein den Allwissenden zu spielen, sondern dieses Noch-nicht-ganz-überblicken offen zu legen. Die Glaubwürdigkeit steigt und die Mitarbeiter sind gefordert, substanziell zur adäquaten Bestimmung der Sachlage etwas beitragen. Die Sache selbst bekommt die Hauptrolle.

– Der Redner hat die notwendige Sachkompetenz. Er kennt sich auch aus, doch er sagt aber nicht alles, was es im Hinblick auf die Situation von der Sache zu sagen gibt. Der Hörende merkt, dass es dem Redner nicht Ernst ist mit der Sache. Der Sprechende hat anderes im Schilde und ist nicht durch die Sache bestimmt.

Das ist ein häufig zu beobachtendes Phänomen. Bei der Rede, die eine Sache erwähnt, geht es nicht um diese Sache, sondern bestimmte Aspekte der Sache werden nur genannt, um bestimmte Entscheidungen zu begründen. Der Mitarbeiter als Hörender wird „genommen und geführt" wie ein Bauer auf einem Schachbrett.

– Dem Redner fehlt es am nötigen Wohlwollen. „Es genügt ihm, der Versammlung einen ernstlichen Vorschlag zu machen, aber nicht den besten." (Heidegger, GA 18, S. 166).

Er hat den Job angenommen, er macht ihn gut, d. h. professionell, aber die Erfahrungen, die er mit seiner Sache *über die Zeit* gemacht hat, hält er den anderen vor. Er ist nicht vorbehaltlos bei seiner Sache.

Ein *Gespräch* mit hohem Bedeutungsgehalt (z. B. erste Gespräche über eine geplante Fusionierung, die Neuausrichtung eines Konzerns oder neue Kriterien für die Mitarbeiterauswahl) geht nie über Medien, weder mit Telefon noch mit Videokonferenzen noch mit sonstigen elektronischen Hilfsmitteln.

Bei einem Gespräch müssen die Gesprächspartner sich versammelt haben. Sie müssen nicht nur mental durch die jeweilige Sache bestimmt sein, sondern auch *körperlich anwesend* sein. Jedes 08/15-meeting basiert immer noch auf dieser Idee. Dass ein Gastmahl heute mit Butterbrezeln und Säften durchgeführt werden kann, ist immer noch Hinweis genug, dass für Gespräche reale, d. h. körperlich anwesende Personen sich zu versammeln haben.

Die *Klausur* ist die nutzbringendste Form, in der Gespräche gestaltet werden können, wenn es darum geht, vom anderen wirklich etwas wissen und erfahren zu wollen. Indikator für echte Gespräche, für wirkliches Interesse an der Meinung von Mitarbeitern bedeutet, dass die von ihnen genannten Erfahrungen und Vorschläge Auswirkungen auf ihren Berufsalltag haben.

> Im Coaching, – das als regelmäßige, beständige, d. h. *durch die Zeit* sich ereignende Klausur zu zweit verstanden werden kann, – wird die einzig wirksame und förderliche Hilfestellung gesehen, die den Bildungsprozess einer Person begünstigen kann.

Coaching wird oft verstanden als ergebnisorientiertes Begleiten. Maßstab ist ein Ziel, das vom Klienten gesetzt ist. Britt A. Wrede: „Man geht im Coaching davon aus, dass die Blockierung, durch die das zielrelevante Potenzial gestoppt ist, mentaler Natur ist."[44] (Wrede, S. 168). Der Coach ist dazu da, Hilfestellung zu leisten bei der Aufhebung dieser Blockierung. Mit Hilfe des Coachs wird das vorgegebene Ziel (z. B. den Verkauf in einem definierten Zeitraum zu erhöhen) in Teilschritte zerlegt, die es entsprechend zu erreichen gilt. Ein Teilschritt könnte z. B. sein, die hausinternen Behinderungen des Verkaufs festzustellen. Mit Hilfe eines Kausalschemas wird dann zielgerichtet vom zukünftigen Ziel der jeweils nächste Schritt anvisiert (Teilzieleverwirklichung) bis dann das Ziel erreicht ist und der Coachingprozess beendet wird.

Soweit die Theorie. Es soll nicht bestritten werden, dass dieses Vorgehen gelegentlich funktionieren kann. Aber bei anspruchsvollen Zielen (z. B. in der Unternehmenshierarchie eine Stufe höher zu kommen) wird sich sehr schnell zeigen, dass sich die Realität nicht immer an die Teilzielvereinbarungen hält. Ein Coachingprozess, der mit bloßen Ursachewirkungsschemata arbeitet, wird schon fragwürdig, wenn es um langfristige Zielorientierung geht, um Projekte, die Jahre dauern. Wenn es darüber hinaus um die Ausbildung von Führungsqualitäten geht, dann kommt es früher oder später im Coachingprozess zur Stellung von Sinn- und Wertfragen. Im Grunde ist schon jedes „neutrale" Ziel untrennbar mit Wert- und Sinnannahmen des Klienten verbunden.

Eine Möglichkeit wäre es, diese Fragen als dem Ziel hinderlich zu qualifizieren und auszublenden. Eine andere Möglichkeit bestünde darin, diese Sinn- und Wertfragen als integralen Bestandteil jedes Coachingverlaufs zu akzeptieren.

Dann stellt sich für den Coach allerdings eine folgenreiche Frage: Wie soll mit Wert- und Sinnfragen umgegangen werden, die im Coachingverlauf erscheinen?

Soll der Coach lediglich als Spiegel, als neutrale Folie fungieren, in dem der andere sich selbst sieht und dadurch lernt? Aber lernen und sich *bilden* kann nur der, der herausgefordert wird. Meist dann, wenn uns etwas widerfährt. Was bedeutet das? Wenn die *Ausbildung* einer Persönlichkeit wesentlich etwas mit gelebten Überzeugungen zu tun hat, mit Wert- und Sinnannahmen, dann muss der Coach in der Lage sein, dazu Stellung zu nehmen. Nur so bietet er dem anderen eine Reflexionsebene, die mehr ist als das bloße Echo der eigenen Annahmen und Überzeugungen.

Wert- und Sinnfragen lassen sich nur aufgrund anderer Wert- und Sinnannahmen überprüfen. Das Gewicht dieser ethischen Seite wird von W. Vogelauer anerkannt. Darüber hinaus zeigt er in einer Befragung von Coachingkunden die Bedeutung personaler Kompetenzen, die sie von einem Coach erwarten. Bei den zehn wichtigsten Anforderungen, die ein Coach zu erfüllen hat, lauten nach dieser Befragung die ersten sechs: 1) Einfühlungsvermögen, 2) kommunikative Kompetenz, 3) Eigenverantwortung, 4) Verschwiegenheit, 5) professionelle Distanz und 6) menschliche Wärme. (Vgl. Vogelauer, S. 144).

Wer etwas zu sagen hat, dem unterstellen seit jeher die sprichwörtlich gefassten Lebensweisheiten, dass er für die geeigneten Wörter und Sätze nicht lange suchen muss. Sie stellen sich ein. „Ad rem verbi sequentur", „Zur Sache, dann folgen die Wörter". In Goethes Faust, der für alle Lebenslagen Nachdenkliches zur Verfügung stellt, berät Faust seinen Diener und Assistenten folgendermaßen:

„Sei er kein schellenlauter Tor!
Es trägt Verstand und rechter Sinn
Mit wenig Kunst sich selber vor.
Und wenn's euch Ernst ist, was zu sagen,
Ists nötig Worten nachzujagen?"
(Goethe, Faust I, Nacht, V. 533-572)

„Den Bedeutungen wachsen Wörter zu" sagt Martin Heidegger. Petrus und Johannes werden gemäß der Apostelgeschichte (4,20) von den religiösen Führern des Judentums, dem Hohen Rat, verhört. In ihrer Erwiderung sagen sie: „Wir können unmöglich schweigen über das, was wir gesehen und gehört haben." Und sie reden wieder von ihren Erlebnissen mit diesem Jesus von Nazaret. Sie reden in ihren Worten gemäß ihres Charakters. Sie können so reden, weil es ihnen um die „Sache" geht und sie müssen so reden, weil sie von dieser „Sache" eingenommen und von ihr „begeistert" werden.

Aber dies heißt nicht, sich über die Art und Weise seines Redens überhaupt keine Gedanken zu machen. *Goethe* sagt, dass Verstand und rechter Sinn wenig Kunst brauchen, also einer, der gerade mit dieser Kunst im Übermaß ausgezeichnet war. Es heißt, die Rangfolge nicht zu vertauschen.

Jede Veranstaltung zur Gesprächsführung und jedes Rhetorikseminar, das die Persönlichkeit des Lernenden ignoriert, kann nur einen Beitrag, wenn auch gelegentlich hoch angesehen Beitrag zur Kunst der Manipulation leisten. Rhetorik muss der Sache untergeordnet bleiben. Jedem Lehrer der Rhetorik muss es darum gehen, seinem Schüler darin Hilfestellung zu geben, dass er das, was er zu sagen hat, sagen kann, und es so sagen kann, dass er es auch gegen die Widerstände anderer zur Sprache und zu Gehör bringt.

Rhetorikseminare müssen im Grunde darauf ausgerichtet sein, besser hören zu lernen. Dem mögliche Einwand, dass es sich dabei auch um eine Form der Manipulation handeln kann, ist nicht zu widersprechen. Doch was empirisch als dasselbe erscheint, ist aus der ethischen Perspektive sehr wohl zu unterscheiden. Die zugrunde liegende Gesinnung für ein Tun lässt sich nun einmal nicht von außen überprüfen und bewerten.

Nebenbemerkung zum allgegenwärtigen Hang, Drang und stetig anwachsendem Zwang fremdsprachlich forschen, denken und sprechen zu sollen. Um internationales Niveau und Konkurrenzfähigkeit zu erhalten oder wieder zu erreichen, sei es nötig an Hochschulen verstärkt in Englisch zu dozieren. So werde nicht nur den Landessprachlern ein gewisses Maß an Internationalität gelehrt, sondern auch Fremdsprachler könnten ohne große Reibungsverluste das jeweilige Studium erfolgreich und in kurzer Zeit abschließen und den hervorragenden Ruf des jeweiligen Faches international verbreiten, so sagt „man".

Auf den ersten Blick ist diese Ansicht überzeugend. In welcher Sprache etwas vermittelt wird, das ist gleichgültig, der Inhalt zählt und er allein. Sprache, so die Ansicht, dient lediglich als Informationsträger und -vermittler, sie ist das Werkzeug und mehr eben nicht. Hie und da mag es Ausnahmen geben, wie z. B. für Philosophie oder Theologie oder für einige wenige andere „Exoten". Doch generell ist Internationalisierung gefordert, sei es für Soziale Arbeit, Maschinenbautechnik, Psychologie, BWL usw.

Was ist nun damit für den fremdsprachigen Studierenden gewonnen, wenn er in Deutschland Englisch statt Deutsch hört? Wenn es stimmt, dass es beim Studieren um Informationsaneignung und -umsetzung geht, dann ist überhaupt nicht mehr einzusehen, warum die Studierenden überhaupt noch nach Deutschland kommen sollten. Englischsprachige Vorlesungen können sie weltweit hören. Das ist kein Grund in Deutschland zu studieren. Warum also sollte irgendjemand zum Studieren nach Deutschland kommen? Eine mögliche Antwort wäre: Weil Wissenschaft und Forschung in Deutschland durch ein sehr hohes Niveau gekennzeichnet sind bzw. waren. Das könnte auch der Grund gewesen sein, warum in früheren Zeiten, Studierende die Qualen des Deutschlernens auf sich genommen haben.

Was wäre, – zumindest in der Philosophie dürfen so abwegige Ansichten formuliert werden – wenn es gar nicht zutrifft, dass die Sprache und der Inhalt so unverwandt nebeneinander stehen? Was wäre, wenn die Sprache *kein* Werkzeug ist, das die Dinge lediglich transportiert und so lässt wie sie sind, sondern die Sprache und die Sachen, worüber die Sprache spricht in ganz eigener und einzigartiger Weise miteinander verschränkt und verwoben sind? Martin Heidegger war dieser Meinung. *Dem Menschen als Seinsverstehender wird nicht nur er selbst zugänglich, sondern er vermag durch die Sprache das Wesen der Dinge offenbar zu machen und vermag so andere in den Bezug des Wesens der Dinge zu bringen.*

Was wir über die Sachen erfahren und erkennen, hat mit der Sprache, in der wir leben und denken zu tun. *Die Dinge zeigen sich gemäß der jeweiligen Sprache.* In der eigenen gelebten Sprache ist der jeweilige Bezug zur Welt eröffnet. Sprechen wir fremd, dann zeigen sich die Dinge anders. Nur in und durch die Vielsprachigkeit der Menschen eröffnet sich der unendliche Reichtum und die Vielfalt des Seienden, in seinen Facetten, Dimensionen und Sachgehalten.

Mit der Dominanz einer Weltsprache, die von sehr vielen sehr unvollständig gesprochen wird, verzichten wir nicht nur auf den Reichtum unterschiedlichster inhaltlicher Einsichten zugunsten vereinheitlichter Beschreibungsverhältnisse, sondern auch die Seinsweise des Menschen ändert sich. Englisch wird zu einer Form degenerierter Mathematik, in der verhandlungssicher über *alles* geredet und mit *allem* Bekanntschaft gemacht werden kann, von den *Sachen selbst* aber immer weniger begriffen und verstanden wird.

- Das Gerede verdeckt die Sache

Man kann nun Rede auch so „verstehen" oder nehmen, dass der Blick auf die Sache vernachlässigt und nur noch auf das Geredete als solches gehört wird. Dann ist nur noch wichtig, was und wie einer etwas sagt, nicht mehr entscheidend ist dagegen, worüber er spricht. Es wird zwar Verstanden was einer sagt, die Sache aber, worüber er aussagt, verstehen wir nur „ungefähr". So agieren wir zunächst und zumeist und fast zu jeder Zeit. Wer hat auch schon die Zeit all dem nachzugehen, was er tagtäglich so hört?

Hören und Verstehen sind bestimmt aus dem Geredeten. Nicht der primäre Bezug zum beredeten Seienden, zum entsprechenden Sachverhalt stimmt und orientiert die Redenden, sondern die gemeinsame *Rede über* dieses oder jenes Seiende. Dass es gesagt wurde, der Ausspruch, die Ansprache stehen jetzt für die „Echtheit und Sachgemäßheit". Im Weiter- und Nachreden ist der Garant der Rede nicht der primäre Bezug zum jeweiligen Seienden mehr, sondern das Gerede selber. „Unternehmen müssen heute fusionieren, daran kommt man nicht vorbei." „Die Beherrschung des Internet ist so wichtig wie Lesen und Schreiben."

Wer wagt da zu fragen: Ist das wirklich der Fall oder gibt es dafür keine Gründe, sondern nur Beispiele, bei denen das irgendwie geglückt ist? Ist die Beherrschung des Internets tatsächlich so wichtig wie Lesen und Schreiben? Welche Idee von Ausbildung oder Bildung steckt hinter dieser Annahme? Welche Idee vom Menschen artikuliert sich da?

Aber wer hat Zeit, darüber nachzudenken? Die Sachen sind so – weil es gesagt wird, wie die Sachen sind. Wer sagt so? „Man" sagt so. Untersuchungen haben es gezeigt. Jeder kennt die Untersuchungsergebnisse, keiner ihre Methodik. Genaugenommen kennt man auch nicht die Untersuchung selbst, sondern zehn zusammengefasste Zeilen eines Wirtschaftsdienstes.

Doch es steigert sich. Der Verlust der ursprünglichen Sache im Gerede wird zur völligen Bezugslosigkeit zur Sache im Weiter- und Nachreden.

„Das Gerede ist die Möglichkeit, alles zu verstehen ohne vorgängige Zueignung der Sache." (Heidegger, GA 2, S. 224).

Dieses Verständnis von Gerede hat seinen Ursprung im normalen, alltäglichen Umgehen mit der Welt. Jeder würde völlig überfordert sein, auch nur einem Bruchteil des täglich Gelesenen und Gehörten ernsthaft nachzugehen, es zu vertiefen oder sein Glaubwürdigkeit zu überprüfen. Wir akzeptieren, dass wir nie entscheiden können, was das ursprünglich Gesehene und mühsam Geschriebene und davon unterschieden bloßes Nachreden ist.

Das Entscheidende in dieser durchschnittlichen Verständlichkeit von Wirklichkeit liegt darin, so Heidegger, *dass wir an der Unterscheidung gar nicht interessiert sind.* Es reicht uns, die Sachen zu verstehen, so wie sie uns präsentiert werden. Haben wir diese Präsentation verstanden, dann haben wir das Präsentierte verstanden.

Es muss nicht behauptet werden, dass die großen strategischen Fehlleistungen allesamt durch eine verfehlte Wirklichkeitssicht zu erklären sind. Doch in Führungsfragen, wenn das Ziel von Führung verstanden wird als gewollte und bewusste Entwicklung eines bestimmte Unternehmensfeldes auf eine erwünschte Zukunft hin, muss die Realität erkannt sein. Jede intendierte Wirklichkeitsveränderung muss wissen, was der Fall ist. Nur der, der weiß, was der Fall ist, kann die Beschaffenheit des Grundes beurteilen, auf den er baut.

• Das Gerede entzieht die Sache und dem Redenden den Boden

„Das im Gerede sich haltende Dasein ist als In-der-Welt-sein von den primären und ursprünglich-echten Seinsbezügen zur Welt, zum Mitdasein, zum In-Sein selbst abgeschnitten." (Heidegger, GA 2, S. 226).

Der sich im Gerede Haltende und durch sie Orientierende verliert nicht nur den Sachbezug, sondern damit zugleich den Bezug zu den Mitmenschen und zu sich selbst. Diese dreifache Verkennung tritt gemeinsam auf. Wer sich über die Welt täuscht, täuscht sich über die Mitmenschen und sich selbst. Wer sich über die Mitmenschen täuscht, täuscht sich über die Welt und sich selbst und wer sich über sich selbst täuscht, täuscht sich über die Mitmenschen und die Welt.

Der sich im Gerede haltende und sich aus ihm orientierende Manager kennt nicht mehr die Wirklichkeit und meint doch sie zu kennen. Der mehrfach gefilterte Bericht der Entwicklungsabteilung, der als Entscheidungsgrundlage herangezogen wird, ist verschieden vom mündlichen Bericht der in der Abteilung arbeitenden Forscher und Praktikanten. Auch wenn diese gefragt werden, ist nicht damit zu rechnen, dass die „Wahrheit" in die Sprache und damit ans Licht kommt, aber im Sprechen mit den Mitarbeitern dieser Abteilung könnte ein authentischeres Stimmungsbild eingeholt werden. Vor allem könnte das konkrete Nachfragen vor Ort das Selbstwertgefühl der einzelnen Mitarbeiter ganz entscheidend und sehr positiv mitprägen.

Die vollzogene Bodenlosigkeit in jeder der drei Hinsichten ist vor allem für das Top-Management die Gefahr schlechthin. Und hier wächst die Rettung nicht. Hier wird der zur Rechenschaft gezogen, der die Realität in die Etage bringt, weil es dann schon lange nicht mehr um die Sache geht, sondern um die je eigene Machtsteigerung.

• Weisen der Bodenlosigkeit: Neugier und Zweideutigkeit

Einer Führungspersönlichkeit wird notwendig ein Interesse für Neues zugesprochen. Das erfordert Offenheit, den Blick über die jeweiligen Grenzen und die jederzeitige Überprüfung der eigenen Annahmen. Nahe verwandt mit dem Interesse am Unbekannten, am Neuen ist auch die Neugier.

Neugier erwächst da, wo die eigenen Lebens- und Arbeitsbezüge sich von der Sache abgelöst haben. Die Ansprüche aus der Sache sind nicht identisch mit einem überquellenden Schreibtisch. Dieser war noch nie ein Grund auf die Neuigkeiten der Nachbarabteilung zu verzichten.

Wenn die Arbeit nicht als wesentlich für einen selbst verstanden wird und einem fremd bleibt, – nicht zu *meiner Arbeit* wird, – dann tendiert man „aus dem nächst Zuhandenen weg in die ferne und fremde Welt." (Heidegger, GA 2, S. 228). Die ferne und fremde Welt kann sowohl die fremde Welt des Wohnungsnachbarn, des Kollegen in der Nachbarabteilung oder das fremde Urlaubsland sein. Die Zugangsweise zu diesen je unterschiedlichen fernen und fremden Welten ist bei der Neugier stets dieselbe. Sie interessiert sich am Fremden und Fernen lediglich für ihr „Aussehen".

Das Interesse der Neugier bemüht sich nicht darum, das Gesehene in einen wesentlichen Bezug zum je eigenen Wesen zu bringen und es damit zu verstehen. Der Neugier geht es darum zu sehen und *nur* es zu sehen. Es geht nicht darum wirklich die Probleme der anderen Abteilung zu verstehen. Es ist der Neugier auch nicht notwendig, sie wirklich verstanden zu haben. Dem Neugierigen geht es darum, dass er sich überlassen kann der Welt in einer Weise, in der er sicher und beruhigt sein kann, dass das, was er sieht und hört, ihn nichts angeht. Das Ferne und Fremde ist lediglich dazu da, von ihm weiterzuspringen. „Daher ist die Neugier durch ein spezifisches *Unverweilen* beim Nächsten charakterisiert." (Heidegger, GA 2, S. 229).

Sich auf Fremdes einlassen, es verstehen zu wollen setzt nicht nur Zeit, sondern wesentlich Bereitschaft voraus, das eigene Selbstverständnis in Frage zu stellen. *Verstehen* ist stets ein grundlegender Angriff auf das eigene Selbstverständnis.

Gerede und Neugier, sagen, was man gelesen und gesehen haben muss, sie motivieren sich gegenseitig. Aus beiden verfügt sich eine Zweideutigkeit, die alles und jeden umfasst. Nicht nur die Sicht auf die Realität, auch das Verhalten zu den anderen und das Verstehen zu sich selbst kommt in die Zweideutigkeit.

Die Zweideutigkeit als Misstrauen prägt und durchzieht das Miteinander. Auch der andere „ist zunächst >da< aus dem her, was man von ihm gehört hat, was man über ihn redet und weiß. Zwischen das ursprüngliche Miteinandersein schiebt sich zunächst das Gerede. Jeder paßt zuerst und zunächst auf den anderen auf, wie er sich verhalten, was er dazu sagen wird." (Heidegger, GA 2, S. 232).

In der Zweideutigkeit herrscht Verstellung und Verdrehung nicht aus böser, weil gewollter Absicht, sie wird auch nicht durch den je einzelnen hervorgerufen. „Sie liegt schon im Miteinandersein als dem *geworfenen* Miteinandersein in einer Welt." (Heidegger, GA 2, S. 232). Man will ja arbeiten, aber warum gerade mit denen, die wir nun nicht sonderlich sympathisch finden? Die, die mit uns arbeiten, werden genauso denken, und so türmen sich sehr schnell Barrieren der Missverständnisse auf, aus denen Misstrauen gerinnt, das sich zur Missgunst formt. Es bilden sich Verhältnisse, die „man" eigentlich nicht wollte und erstaunt feststellt, was sich da so gebildet hat, umso mehr, *weil „man" doch eigentlich nichts gemacht hat.* Diese schwer aufzubrechenden Überkrustungen lassen sich nur dadurch verhindern, dass unmittelbar im Entstehen dieser Strukturen aktiv gegen sie angegangen wird.

Gerede, Neugier und *Zweideutigkeit* zeigen eine Bestimmung des Wesens des Menschen an, die den Maßstab und das Verstehen seiner Existenz nicht aus dem nimmt, was er ist, sondern aus dem, was ihm begegnet. Er nimmt sich so, wie er das Seiende nimmt, als herstellbar, machbar und planbar. Er bestimmt sich als Vorhandenes unter Vorhandenem. Und so versteht und legt „man" sich aus. *Das Wesen des Menschen ist zunächst und zumeist das „man" und nicht er selbst.* Man spielt als Führungskraft eben Golf und sammelt keine Briefmarken. Diese Weise des Existierens (wie „man" zu sein hat) nennt Heidegger das *Verfallen.*

In dieser Weise des Existierens, dem Verfallen, kennt einer nahezu alles und alle, er weiß, wie der Hase läuft. Es gibt keine wesentlichen Überraschungen mehr, und so bildet sich die Meinung aus „man" weiß nicht nur, wie die Welt sich dreht, sondern auch, wie es um einen selbst steht. „Man" steht voll im Leben, und dieses ist in bester Ordnung. Das ist beruhigend. Doch diese Beruhigung bringt nicht und führt nicht zur Ruhe des Daseins, sondern treibt noch mehr in die „Hemmungslosigkeit des Betriebs".

„Vielgewandte Neugier und ruheloses Alles-kennen täuschen ein universales Daseinsverständnis vor." (Heidegger, GA 2, S. 236).

Es gibt ja immer noch etwas, was man noch nicht gehört, noch nicht gesehen, noch nicht erlebt hat. Dieses Sich-ab-und-Vergleichen mit allem, nimmt dem Menschen die wesentliche Möglichkeit, sich durch sich selbst zu bestimmen. Sein Wesen ist kein harter Kern, an den irgendwelche Eigenschaften angeheftet werden, – so sind Sachen, Dinge und Objekte vorstellbar. Nicht so beim Menschen. *Der Kern des Menschen ist sein Existieren.* Es gibt darin keinen festen Punkt. Das beunruhigt ja ständig über alle Maßen. Stets ist die Angst da, vor das Nichts, unser Nichts, gestellt zu werden. Gerade weil wir darum wissen, läuft „man" dagegen Sturm. So suchen wir Sicherheit und Beruhigung und finden sie vordergründig in den Dingen, Sachen und Objekten, im Seienden. Und im „Verfallen" an das Seiende entfernen wir uns immer mehr von unserer und nur uns eigenen Möglichkeit, uns aus unserem Selbst her zu bestimmen.

In dieser Entfremdung ist es sehr wohl möglich, dass sich der Mensch immer mehr mit sich selbst beschäftigt und jede neue und vor allem aktuelle Möglichkeit nutzt, um neues an ihm zu entdecken. Doch in diesem Kreisen um sich kommt er wesentlich nie zu sich, bzw. nur zu einem „Ich", mit dem er ständig unzufrieden ist, weil es im ständigen Wechsel aktueller Ich-Gestaltungsprogramme vom Druck und der Furcht erfüllt ist, ständig nachbessern zu müssen, bzw. immer mehr die Angst aufsteigt, den Anschluss endgültig verpasst zu haben.

Und diese Angst ist bleibend da., „Ihr Atem zittert ständig durch das Dasein." (Heidegger, GA 9, S. 117). Und es bedarf stetiger und immer größerer Anstrengung sie im Gelärme, Geschiebe und Getriebe des Alltags zu überhören und dagegen anzugehen.

Ich habe schon etwas geleistet, vor mir hatten die anderen Respekt. Ich weiß schon, dass ich nicht geliebt werde, ist mir doch egal. Es geht darum, etwas vorwärts zu bringen.

Die erfolgreiche Vergangenheit im Rücken, den Druck einer erfolgreichen Zukunft vor sich, wird die Gegenwart zum immer größeren Problem.

Denn in der Gegenwart droht die Erscheinung der Leere des eigenen Selbst: vor allem nach Dienstende, im Hotel, am Sonntag. Urlaub ist nur noch möglich als berufliche Beschäftigung am anderen Ort, an dem es keinen Kleiderzwang gibt. Ohne Zeitvernichtungsangebote im Sinne von Rundreisen, Animationen, intensivster sportlicher Betätigung, Workshops etc. ist Urlaub nicht vorstellbar. Die Insel mit dem Haus für zwei und sonst nichts ist gut für ein Bild in der Werbung und solange jeder innerhalb der Zielgruppe noch an Sex denkt. Sie wird zur Vorform der Hölle, auch wenn es nur sieben Tage sind, wenn Handy, Laptop und Fax fehlen. Man kann sich ja auf die neuen Termine vorbereiten. Endlich einmal miteinander kochen, Wein trinken. Doch ganz egal was, man muss es *genießen* können.

Das gemeingermanische Verb [ge]niezzen geht mit anderen Wörtern auf die Wurzeln zurück, die *fangen, ergreifen, erwischen, erreichen* enthalten. Auch hier ist die Nutzbarkeit, die Verwertbarkeit das dominierende Moment. Urlaub ist für viele die Negation des beruflichen Alltages. Doch durch eine Veränderung des Vorzeichens verändern sich keine Strukturen, sondern sie zementieren gerade dadurch ihre Herrschaft.

Gemeinschaften brauchen keine Sieger

Die Sprache ist kein Werkzeug und kein Organ des Führenden; er ist Sprechender der Sache, ihr Sachwalter, oder er ist nicht. Ein Sprechender zu sein bedeutet nicht, ein nie versiegendes Mundwerk zu haben. Ein Sprechender als Sprechender ist immer auch Hörender. Ein Gespräch kann sich da ereignen, wo das Beredete durch eine sachliche Gebundenheit und Ergebnisoffenheit charakterisiert ist.

Führungspersönlichkeiten müssen schweigen können, um zu hören. Und erst das Hören macht die Rede zu einem Gespräch. Ein Gespräch ist nur möglich unter Selbigen. Selbige meint Menschen unabhängig ihrer jeweiligen Position, ihrer Funktion und Geschlechts. Wo das geschieht, Anerkennung des anderen als anderen, wird es möglich „wir" zu sagen. Erst dann sind Gleichwertige da und wird damit Gespräch möglich. Nur da kann das hohl empfundene Geschwätz von „Teamwork" und „Wir sitzen doch alle im gleichen Boot" umschlagen, in das Bewusstsein, einem gemeinsamen Sinn unterstellt zu sein, der die Teilnehmer zur Gemeinschaft bildet.

Nur wo die Führungspersönlichkeit sich selbst, als von der Sache Geführter erlebt und handelt, ist eine Gemeinschaft von selben möglich, die eine asymmetrische Differenzierung nicht nur nicht aushält, sondern in ihr eine notwendige Existenzbedingung sieht. Denn diese Differenzierung erlaubt es, den Sinn und den Zweck des jeweiligen Unternehmens in einer ganz konkreten Gegenwart wirklich, d. h. wirksam werden zu lassen. An dieser Aufgabe des „Wirksam-Werdens" vermag der Mitarbeiter als Teilnehmer einer realen Gesellschaft beizutragen, zu der er sich trotz ihrer Mängel und Sachzwänge zugehörig weiß, weil er sich als Mitglied einer idealen Gemeinschaft verstehen und identifizieren kann.

Aus dieser Konzeption heraus braucht ein Unternehmen keine Sieger, denn, *wenn es Sieger im Unternehmen gibt, dann verliert auch das*

Unternehmen. Wird das praktische Ideal der Zusammenarbeit von Menschen in einem Unternehmen oder einer Unternehmenseinheit im Modell der „Gemeinschaft" gesehen, dann sind gewollte und organisatorisch gestützte Konkurrenzverhältnisse weder produktiv noch sinnvoll. Führungskonzepte, die mit Überlegenheit, Gewinnern und Siegermetaphern arbeiten, werden langfristig mehr zerstören als erbauen.

In einer Gesellschaft in der jeder zweite der Meinung ist, dass man den meisten Menschen nicht mehr Vertrauen kann und Vertrauensbildung zur größten Herausforderung des 21. Jahrhunderts wird (Vgl. Fiedler-Winkler, S. 53), hat eine Siegersprache nichts mehr zu suchen. Sprachfiguren die auf Konkurrenzmustern aufbauen sind mitverantwortlich für den eingetretenen Vertrauensverlust.

Auf kurze Zeit gesehen ist Leistungssteigerung (als äußerlich wahrnehmbare und messbare Aktivitätszunahme) problemlos machbar durch die Ausübung von Druck und Sanktion. Eine Steigerung ist auch möglich durch das Erzeugen von Konkurrenzsituationen, die zu Siegern führen. „Der Tagesgewinner im Dax ist ..." , „Verkäufer des Monats", „Unternehmer des Jahres". Gewinnen ist schön, verlieren nicht. Das ist nicht neu und bei jedem Sechsjährigen kann beobachtet werden, was passiert, wenn man zu oft verliert. Er wird das Spiel nicht mehr spielen wollen. Wenn er größer geworden ist, wird er versuchen, die Spielregeln zu unterlaufen, oder wenn er als Erwachsener die Macht dazu hat, die Regeln zu verändern.

> Das Unternehmen muss gewinnen. Mitarbeiter, die auf Kosten des Unternehmens gewinnen wollen, haben in einem Unternehmen nichts zu suchen.

Doch Sieger stehen hoch im Kurs. Fritz B. Simon hat in einem Artikel in der Süddeutschen Zeitung mit dem Titel: *Die Macht des Verlierers* darauf hingewiesen, dass Spiele ohne Sieger langweilig sind. Das gilt nicht nur für den Sport. Die Idee des Sieges ist eng mit dem

Triumph eines Helden verbunden, dem stets die Niederlage und eine daraus resultierende Demütigung droht. Die Figur des Helden bildet ein zentrales Motiv der europäischen Kultur.

Die Arten und Weisen, wie der Held mit Gefahr und Wirklichkeit umgeht, liefern die Handlungsregeln (das Drehbuch), wie man als Held mit Wirklichkeit umzugehen hätte, wenn man hoffnungsvoller, aufstrebender Jungheld ist oder eine Rolle in einer Hollywoodproduktion zu spielen hätte. Heldsein ist stets eine zweischneidige Angelegenheit. Denn meist spielen Helden in Handlungskontexten, die „Tragödien" genannt wurden. Nicht selten ist das Resultat der Anwendung von Heldenrolle und Siegermetapher auf die unternehmerische Lebenswelt eine ebensolche. Sie hat Nebenwirkungen, die mit Simon als *pathologisch* oder *krank* bewertet werden können, wenn sie die Beobachtung und Kommunikation im Alltag leitet. Die Metaphorik des Sieges ist ganz besonders in politischen und wirtschaftlichen Verlautbarungen zu finden, wo es darum geht, eine Spitzenposition zu verteidigen bzw. das beste Schulsystem entwickeln zu wollen, Erster in der Internetnutzung zu werden und sonstige Tabellen zu erstürmen.

Die Metapher, das Denkmuster, vom Sieger ist nur da tauglich, wo es in eine Rahmenhandlung eingebettet wird, die auch die Spielregeln bestimmt. Von Sieg und Niederlage, von Gewinner und Verlierer, zu sprechen ist da sinnvoll, wo ein Spiel zu Ende gehen kann. Und ein neues nächste Woche wieder beginnt.

Es ist kein Problem, unter der Sieger-Held-Perspektive Partnerschaften, Familienverbände und Führungsverhalten zu begreifen. Doch genau dann sind auch die Strukturen für Dramen und Tragödien vorprogrammiert, die daraus resultieren, dass die Idee des Sieges auf soziale Kontexte übertragen wird, „in denen nicht mit dem Ende der gemeinsamen Geschichte gerechnet werden kann, zum Beispiel, wenn es um die Definition längerfristiger Beziehungen geht." (Simon, S. I).

Es sind zwar verschiedene Strategien von Herr und Knecht, Sieger und Verlierer, Täter und Opfer vorstellbar, aber allen ist eigen, dass eine intendierte Zusammenarbeit von Personen zum Wohle eines Unternehmens völlig illusorisch bleibt. In asymmetrischen Verhältnissen gibt es keine einheitlichen Spielregeln und schon dadurch keinen gerechten Sieger. Der, der im „Personalkampf" siegt, ist genötigt, nunmehr immer zu siegen. Er braucht seine Weisungsbefugnis zur Wahrung seiner Herrschaft. Der Mitarbeiter bleibt stets der prinzipielle Verlierer, weil strukturell Unterlegener und Weisungsgebundener. Doch der, der verlieren als Entwürdigung seiner Person erfährt, der wird bestenfalls Arbeit nach Vorschrift machen und vieles dafür tun, dem ewigen Sieger das Leben so schwer wie möglich zu gestalten. Das Unternehmen bildet dann die Arena, in der diese „folgenreiche" Auseinandersetzung stattfindet.

Führung darf nicht in Siegermetaphern bzw. in Sportkategorien umschrieben werden, soll es um Weckung und Beständigkeit von Kooperation, Mitarbeit und Motivation gehen.

Wer in Interaktionen zwischen Personen Sieger werden will, der hat lange schon verloren.

Eine Führungspersönlichkeit versteht sich als Sachwalter. Er ist erster Diener der Sache und um der Sache willen da. Der Führende weist auf die Sache und führt zusammen. So ist er auf Gemeinschaft hin Versammelnder, aber nie und niemals sie machender. Dazu gehört eine Haltung, die aus einem entschiedenen Selbstverhältnis entspringt und aus einer spirituellen Haltung heraus lebt. Einer, der weiß, wie es um ihn steht und der selbst immer wieder sich auf den Weg macht, weil er weiß, dass er, um der Sache willen, kein Überflieger sein kann und darf. Dazu bedarf es der Unterstützung durch ein adäquates Leitbild und einer dazugehörigen Unternehmenskultur, die nicht nur unternehmensweit publiziert, sondern praktiziert wird.

Persönlichkeitsentwicklung als Gemeinschaftsentwicklung. Oder: Glaubt ihr nicht, so bleibt ihr nicht – Beispiel HP

Viele rufen nach Wissensmanagement. Ein funktionierendes Wissensmanagement würde, so in einer Überschrift zur Rubrik „Bildung und Beruf" der Süddeutschen Zeitung zur „Enteignung der Experten"[45] führen. Dazu ist es nach Lutz von Rosenstiel noch ein weiter Weg. Auch das hierfür hochstilisierte E-Learning spielt nur eine untergeordnete Rolle. Wer Probleme hat, so von Rosenstiel, will sich vorrangig mit Menschen austauschen. Dazu könnte das Internet in gewissem Maße hilfreich sein. Leider haben nur wenige Anbieter darauf geachtet und noch weniger umgesetzt, was von Rosenstiel zu bedenken gibt: „Ohne Mensch kein Wissen, sondern nur Information" (V1/2). Wer unternehmensrelevantes Wissen besitzt und durch die Preisgabe seines Wissens individuellen Status, Achtung und Einkommen gefährdet sieht, darüber hinaus in einem Unternehmensumfeld agiert, das durch Sprachkulturen geprägt ist, das mit Höchstleistungen, mit den Besten, mit den Leistungsfähigsten nach außen kokettiert und nach innen frustriert bzw. droht, in einer derartigen Unternehmenskultur muss sich niemand wundern, wenn ein Mitarbeiter seinen mühsam erklommenen Wissensvorsprung den mitarbeitenden „Unternehmern im Unternehmen" mit allen Mitteln vorzuenthalten sucht. Er erkennt sehr genau, was hinter der Wortkosmetik vom „Unternehmer im Unternehmen" steckt: innerbetrieblich gewollte und organisierte Konkurrenz.

Am Umgehen mit Wissensmanagement kann abgelesen werden, welche Unternehmenskultur in einem Unternehmen tatsächlich herrscht. Dabei geht es nicht um die Frage, welches System installiert wird bzw. installiert werden soll oder wer es benutzt. Noch weit wichtiger ist die Frage, welche Art von „Wissen" und Information soll zur Verfügung gestellt werden und wer stellt dieses „Wissen" und diese Information zur Verfügung. Selbstverständlich geht es hier nicht um „neutrale" Daten wie Adressen, Ansprechpartner etc., sondern um die gemachten Erfahrungen von Mitarbeitern. Wer ist z. B. der entscheidende Verhandlungspartner in einer Firma? Ist es der ranghöchste Gesprächspartner oder gibt es einen, der bei Verhandlungen zwar anwesend ist, jedoch selten redet, aber stets vor Abschluss vom Vorgesetzten um seine Meinung gebeten wird?

Quantitative Informationsbeschaffung ist heutzutage kein Problem.

„Ganz im Gegenteil. Das belegen auch jüngste Untersuchungen, wonach es (auch aufgrund der steigenden Internet-Nutzung) – zu viele verwertbare Informationen gibt. Nein, es geht ja auch nicht um die Informationen als solche, sondern darum, dass Informationen erst durch Anreicherungen von Bewertungen oder Kommentaren (mit Erfahrungswerten) zu nutzbarem Wissen generiert werden." (Schuller 5/98, 28f.).

Ein entscheidender Faktor effektiven Wissensmanagements wird damit von Fritz Schuller, dem Personalverantwortlichen von HP-Deutschland genannt. Meist jedoch wird unter Erfahrung und Bewertung nur der positive Aspekt assoziiert, wie man etwas doch geschafft hat, wie ein Kunde doch zum Kauf bewegt werden konnte und andere Erfolgsgeschichten. Völlig übersehen wird eine wesentliche Seite menschlicher Erfahrung, die Schuller mit dem Wort „Fehlerkultur" bezeichnet. Beim Wissensmanagement ist der Zugriff auf relevante Daten oder was dafür gehalten wird nicht das eigentliche Problem. Das Problem ist, dass die *negativen Erfahrungen* der Mitarbeiter nirgendwo fixiert, abgelegt und für andere abfragbar sind. Und diese sehr persönlichen Erfahrungen, wie es *nicht* gegangen ist, wo die Probleme nicht mehr beherrschbar waren, werden bestenfalls zwischen Freunden ausgetauscht, selten in Gruppen und schon gar nicht mehr zwischen einzelnen Abteilungen bzw. Geschäftsbereichen.

Seine Aussagen sind mir deshalb so deutlich im Gedächtnis, weil ich während der Wartezeit für unser Gespräch, die Prozession der ankommenden Geschäftspartner in der Empfangshalle von HP in Böblingen beobachten konnte. Und es fällt einem nicht leicht anzunehmen, dass es die Messdiener der Ökonomie, die in allen Schattierungen von Schwarz und Grau auftreten, es begrüßenswert fänden, von ihren Fehlern, ihren misslungenen Aktionen, von ihren sang- und klanglos eingestellten, aber groß angekündigten Projekten zu erzählen und sich damit dann doch nicht als die Überflieger, die Leader darstellen können. Sie wären dadurch gezwungen sich zu offenbaren, als solche, die auch „nur mit Wasser kochen" und immer wieder neu den Weg des Lernens beschreiten müssen. Doch wer immer noch lernen muss, ist nicht perfekt, nicht allmächtig und nicht allwissend. Ihre Schuld liegt nicht darin, dass sie das bisher noch nicht geschafft haben. Die ihnen zurechenbare Schuld liegt darin, das zu wollen. Dass sie zum Übermenschen werden wollten und nun überrascht sind, dass sie sich als Mutanten wiederfinden.

Im Sinne einer bloßen Denkmöglichkeit mag man sich das noch vorstellen können. Aber, dass Leute, die von „Mutterleib und Kindesbeinen an" auf Performance, Darstellung, Glanz, Noten, Umsatz etc. optimiert wurden, in Kategorien der Globalisierung aufgewachsen sind, an der Demontage des eigenen Bildes mitarbeiten sollen und wollen, dazu bedürfte es schon einer Unternehmenskultur, in der Offenheit, Achtung und Vertrauen nicht nur formuliert bzw. „gezielt gesetzt" sind (Müller, S. 360), sondern mit vollem Einsatz der eigenen Persönlichkeit von oben nach unten praktiziert werden.

Es bedürfte einer Ausrichtung eines Unternehmens in der Weise, wie sie von Rolf Habbel angedacht wird, wenn er vom Unternehmen als Wertezentrum spricht. Dieses Wertezentrum kann nie nur in Verlautbarungen oder durch organisatorische Strukturen allein am Leben erhalten werden, sondern ist nur dann lebendig, wenn die Mitarbeiter des Unternehmens – und das heißt zuerst und alles andere bestimmend – die Vorgesetzten nach diesen Vorstellungen leben. Weiß Hartmut Mehdorn, was das für seine Mitarbeiter bedeutet, wenn er schreibt:

> „Mit der Offensive Bahn haben wir 2001 einen im gesamten Unternehmen verbindlichen Handlungsrahmen geschaffen. Nun geht es darum diese Strategie auch zu leben." (Personalbericht 2001, S. 1).

Nur da, wo alle einem sich zusprechenden Sinn entsprechen wollen und können kann sich Gemeinschaft ausbilden. Gemeinschaft entsteht nicht, sondern „*ist* durch die vorgängige Bindung *jedes Einzelnen* an das, was jeden Einzelnen überhöhend bindet und bestimmt."[46] (Heidegger, Hölderlin, S. 72.). Unter der genannten Differenzierung von Gesellschaft und Gemeinschaft war HP als Unternehmen bekannt, das durch eine außergewöhnliche Unternehmenskultur und eine daraus abgeleitete Mitarbeitersorge von sich reden gemacht hat. HP hatte schon früh verstanden, dass es ein beständiges Gedeihen eines Unternehmens nur geben kann, wenn es gelingt, den vermeintlichen Gegensatz zwischen Kapitalinteressen und Mitarbeiterinteressen auszugleichen.

> „Personalführung muß helfen, im Unternehmen aufzuzeigen, dass sich zukünftig der Erfolg für beide Seiten – den Mitarbeiter und das Unternehmen – nur dann in vollem Umfang einstellt, wenn persönliche Ziele und mitarbeiterbezogene Werte im Einklang sind mit Unternehmenswerten, -zielen und -handlungen. Dies bedeutet aktive Förderung des Partnerschaftsgedankens im Unternehmen." (Scholz/Fischer, S. 79).

Die Förderung des Partnerschaftsgedankens bei HP ist begründet auf der Freundschaftserfahrung der beiden Gründer und ihren gemeinsamen Überzeugungen. Dabei spielen religiöse Übereinstimmungen eine wesentliche Rolle. Zum inneren Kern des Managements gehörte Ed Porter, der Sohn eines Bischofs einer Episkopalkirche. Ed Porter war 30 Jahre oberster Produktionsleiter bei HP. Sein Vater traute das Ehepaar Hewlett und taufte drei ihrer fünf Kinder und alle vier Kinder der Packards. So ist es nicht völlig abwegig anzunehmen, dass der biografischreligiöse Kontext der beiden auch die Gestaltung ihrer wirtschaftlichen Unternehmungen maßgeblich beeinflusste.

Dem Willen Gottes zu entsprechen ist die Aufgabe des Menschen. Es wird ihm entsprochen, wenn wir dem Nächsten Gutes tun, ihm helfen und ihn schützen. Das ist dann der Fall, wenn ihm hervorragende medizinische und militärische Geräte zur Verfügung gestellt werden können, die er für seine Aufgaben benötigt. Zeigt sich im Erfolg dieses Tuns auch noch reichlich Gewinn, umso besser.

Unternehmen, die ihre Existenz einer derartigen Motivierung verdanken und vornehmlich durch Persönlichkeiten ihr Profil erhalten haben, charakterisieren sich durch ein Selbstverständnis, das „selbstverständlich" auch Gewinn zeitigt. *Aber es ist kein Selbstverständnis, das durch Gewinn fundiert ist.* Das ist nicht nur ein großer Unterschied – es ist eine Welt. Solche Unternehmen haben einen entscheidenden Vorsprung gegenüber Gesellschaften, die einzig und allein zum Zweck des Profits gegründet werden. Keine Frage ist es, dass die Bedeutung der Mitarbeiterauswahl in Unternehmen, die sich einer Sache verpflichtet fühlen und sich immer in der Gefolgschaft ihres Auftrages sehen, überhaupt nicht mehr überschätzt werden kann.

Höchst interessant wäre es, die Konfessionszugehörigkeit der HP Mitarbeiter in den unterschiedlichen Niederlassungen mit der Konfessionszugehörigkeit der Mitarbeiter anderer Unternehmen zu vergleichen. Für den „Team-Spirit" (Schuller, 5/98, S. 29) kann es nicht belanglos sein, ob Menschen an ihrem Arbeitsplatz weltanschaulich Gleichgesinnte vorfinden oder nicht. Dieses Problem erledigt sich für den von selbst, der in ein Unternehmen eintritt, in dem schon der Vater arbeitete und einige Verwandte auch.

> „Von Beginn an haben unsere Unternehmensgründer Dave Packard und Bill Hewlett das Wissen und die Entwicklungsfähigkeiten ihrer Mitarbeiter als größtes langfristiges Vermögen des Unternehmens betrachtet" (Scholz/Fischer, S. 78).

„Wir wollten kein Unternehmen sein, das „heuert" und „feuert",
das mit vielen Leuten einen kurzfristigen Arbeitsvertrag schließt
und sie nach dessen Ablauf auf die Straße setzt. Mit solch einer
Einstellungspolitik lassen sich große Projekte oft sehr schnell
und rationell durchführen. Aber Bill und ich hielten nichts davon. Wir wollten langfristig im Geschäft bleiben und ein Unternehmen führen, das auf eine feste und engagierte Belegschaft
baut." (Packard, S. 118).

Wo Beschäftigte als Unternehmensvermögen zählen, wo alle Mitarbeiter einer gemeinsamen Sache, einem gemeinsamen Auftrag sich
unterstellt haben, da stehen die Führungsverantwortlichen in besonderer Verantwortung. Umso mehr, wenn es das ausdrückliche Ziel der
Führung ist „Führung zur Verantwortung" zu ermöglichen.

Das Ziel ist, unter unternehmerischen Kategorien und Anforderungen
die Person zur Autonomie zu befähigen. *Mitarbeiterentwicklung wird
verstanden als Persönlichkeitsentwicklung.* (Vgl. Schuller, 6/98, S.
15). Das hat aber zur Voraussetzung, dass Gleichwertige mit Gleich-
wertigen umgehen.

Das notwendige hierarchisch-asymmetrische Gefälle von Personen
innerhalb eines Unternehmenskontextes wird dadurch nicht aufgeho-
ben. Weisungsbefugnis, verstanden als Aufforderung zu einer Handlung und Weisungsgebundenheit, verstanden als Rechtfertigung des
Handlungsertrages, werden dadurch innerhalb einer Personenrelation
nicht nur möglich, sondern verstehbar.

Die unternehmerisch notwendige funktionale Differenzierung, die
einhergeht mit unterschiedlichen Zuschreibungen von Rechten und
Pflichten wird ausgehalten und kann akzeptiert werden, weil sie aus
der Einsicht in die Sache entspringt. Die zugeordneten Aufgaben des
Vorgesetzten zu übernehmen, die Aufgabe eines „Untergebenen" sie
auszuführen, werden durch den Bezug auf die Sache verstehbar und
rechtfertigen sich aus dem größeren Zusammenhang, der diese Auf-
gabendifferenzierung notwendig macht und in die sie eingebunden

bleibt. Der Zusammenhang, die Bindung und Unterstellung der Einzelnen unter die Sache relativiert bzw. zeigt an, dass sowohl Vorgesetzter wie Mitarbeiter *derselben Sache verpflichtet sind* und sich dadurch als Gleiche erfahren. Beide sind Diener der Sache und gehören zusammen.

Weisungsbefugnis zu *haben* heißt nicht Vorgesetzter zu *sein* und Weisung ausführen zu müssen impliziert nicht Knecht zu *sein*. Es ist sind Funktionsprädikate und keine Prädikate, die die Person kennzeichnen. Der Würde der Person tut es keinen Abbruch, wenn sie ganz bestimmte Aufgaben und Tätigkeiten erfüllt. Der Würde des Menschen wird es dagegen nicht gerecht, wenn ihr Wert aus dem gesellschaftlichen Ansehen der jeweiligen Aufgabe abgeleitet wird.

Es ist eben nicht der Fall, dass der Verwaltungsdirektor eines Krankenhauses wichtiger wäre als die Empfangsdame.

Es gibt überhaupt keinen unwichtigen Arbeitsplatz innerhalb eines gut organisierten Unternehmens.

Wenn etwas wirklich gut laufen soll, dann muss jeder für sein Aufgabengebiet Talent haben, damit er seine Arbeit sehr gut machen kann. Die Gallup-Untersuchungen, die M. Buckingham und C. Coffman ausgewertet haben, zeigen das überzeugend.

Wenn, wie bei HP, *Mitarbeiterentwicklung als Persönlichkeitsentwicklung* (vgl. Schuller, 6/98, S. 15) verstanden wird, dann *kann* ein darauf orientiertes Vorbild von Führungspersönlichkeit und ein daraus gestaltetes Verständnis von „Führung" und „geführt werden", als Adaption eines – und eine theologische Formulierung soll gewagt werden – christlichen, präziser, evangelischen Gemeindeverständnisses begriffen werden. Es gibt keinen Ersten, dem besonderes Recht oder Selbstverständnis zukommt, sondern alle sind in jedes Amt berufbar. „Es gibt Verschiedenheiten unter den Gnadengaben, doch ist es derselbe Geist. Und es gibt Verschiedenheiten unter den Diensten, doch es ist derselbe Herr." (1. Kor. 12, 4-5). *Maßstab ist der Auftrag.*

Orientiert ist die Gemeinde aus ihrer Aufgabe und dem Geist, der sie führt. Sie ist auf dem Weg. Der Titel der amerikanischen Ausgabe von David Packards Buch lautet schlicht: *The HP Way.*

Aus dieser Perspektive ist es keine bloße Rhetorik, wenn hochrangige Personalverantwortliche bei HP schreiben: „Wir glauben ... , dass man nicht durch profitable Produkte zu einem solchen Führungsstil gelangt, sondern dieser Führungsstil zu der gewünschten Produktqualität und langfristigem Erfolg führt. (Scholz/Fischer S. 86f.).

„Die Idee der Gemeinsamkeit wurde zum Grundprinzip der Personalpolitik von Hewlett-Packard: gemeinsame Verantwortung für die Festlegung und Einhaltung von Zielen, Teilhaberschaft am Unternehmen durch Aktienprogramme für Mitarbeiter, Teilen des Gewinns, gleiche Chancen für die persönliche und berufliche Fortbildung und gemeinsame Bewältigung von gelegentlichen geschäftlichen Rückschlägen." (Packard, S. 121).

In der wirtschaftliche Krise, die zu einer Fusionierung von HP mit Compaq führte, hat sich etwas abgespielt und entschieden, was mit dem Wort *Glaubenskrise* umschrieben werden kann. Der Anlass mag eine Ertragskrise gewesen sein, doch der Ursprung lag in einer Glaubenskrise. Ertragskrisen kommen und gehen. Ertragskrisen gab es auch in den 1970er Jahren. Die Gemeinschaft (HP) nahm die Prüfung als Gemeinschaft:

„Wir mussten einen zehnprozentigen Personalabbau in Betracht ziehen. Doch wir wählten einen anderen Weg und verzichteten auf Entlassungen. Wie ließen unsere Belegschaft nur noch an neun Tagen in zwei Wochen arbeiten – ein zehnprozentige Kürzung der Arbeitsleistung, der eine Gehaltskürzung in gleicher Höhe entsprach. Diese Maßnahme betraf sämtliche US-Fabriken sowie das gesamte Topmanagement und die Mitarbeiter in der

Konzernzentrale. ... Dank diesem Programm wurde die Last der Rezession von allen gemeinsam getragen, niemand wurde entlassen, und als sich die Geschäftslage besserte, war unsere hochqualifizierte Belegschaft noch vollzählig vorhanden." (Packard, S. 122).

Packard räumt ein, dass diese Maßnahme eine kurzfristige Lösung für eine kurzfristige Krise war. Die Krise war auf maximal zwei Jahre kalkuliert, und sie hat sich an diese Zeitspanne gehalten. Systemstabilisierend kam hinzu, dass zu dieser Zeit das Topmanagement zum allergrößten Teil noch aus dem eigenen Haus stammte und damit dem Unternehmen in ganz besonderer Weise verbunden war.

Die hier genutzte und zugegebenermaßen sehr ungewöhnliche Perspektive (Gemeindeverständnis) auf HP vermag, wie jede Perspektive, nur begrenzte Erkenntnis zu gewähren. Doch mit der Hilfe des ungewohnten Blickes ist es möglich, schon lange gesehene, „selbstverständlich" bekannte Strukturen und Details wieder (neu) zu sehen.

Aus der Perspektive dieses Denkens und Handelns war die angesprochene Krise, die im Rahmen einer globalen wirtschaftlichen Rezession angesiedelt ist, keine selbstproduzierte Krise von HP. Auch die Maßnahme eines Gehaltsverzichtes spiegelt das Selbstverständnis des Unternehmens und stellt insofern kein ungewöhnliches Verhalten dar. Aus der Perspektive des Gemeindeverständnisses und vollständig abgesehen von jeglicher rechtlichen Zulässigkeit, wäre aber zu fragen gewesen, ob nicht ein *verbindlicher* Beschluss auf Gehaltsreduzierung, der *alle* Mitarbeiter gleichermaßen betroffen hätte, nicht die angemessenere Reaktion gewesen wäre. Unglaubwürdig werden diese Aktionen, wenn die Verantwortlichen im Topmanagement Wege und Auswege suchen, die zwar ihrem Erfahrungswissen entsprechen, aber nicht in die Kultur des jeweiligen Unternehmens passen. Diese Diskrepanz ist bei den Leitungsverantwortlichen geringer bzw. nicht vorhanden, die innerhalb eines Unternehmens groß geworden sind. Besonders kritisch ist es, wenn aus Anlass der Krise eine neue Leitung installiert wird, die aus einer gänzlich anderen Denktradition heraus agiert. Die grundsätzliche Fehlentscheidung lag darin, dass eine unternehmensfremde Person, die nicht über lange Jahre die Unternehmenskultur assimiliert hatte, zum Garanten dieser Kultur werden sollte. Die Folgen solcher Entscheidungen können lange Zeit ignoriert und verdeckt werden – wirtschaftliche Boomjahre sind ideal dafür. Doch in Zeiten der Krise zeigt sich die Differenz, vor allem in der Antwort auf die Fragen wie der Krise zu begegnen ist.

Der Grundfehler von HP, die Sünde wider seinen Geist, war die Annahme, dass von außen Rettung zu erwarten sei. Wer wider den eigenen Glauben und der eigenen Tradition agiert, wird keinen Bestand haben. „Glaubt ihr nicht, so bleibt ihr nicht" sagt im Alten Testament der Prophet Jesaja zu König Ahas, der sich aus Angst vor König Rezin und König Pekach, die gegen ihn paktieren und gegen Jerusalem ziehen, statt auf den Herrn zu vertrauen in Versuchung steht, Allianzen zu schmieden, um so der Gefahr zu begegnen. (Vgl. Jesaja 7,9).

HP glaubte nicht mehr an seine eigene Sendung, an seinen eigenen Auftrag, der ihm bisher Kraft und Innovationsfähigkeit verlieh. Nun versucht es, seine Kraft durch dazugekaufte Kraft zu sichern und zu mehren. Diese Absicht wird keinen Erfolg haben. Der Versuch wird scheitern. Nicht an den Einflüssen und Widerständen von außen wird er scheitern, sondern durch den Zerfall der „Glaubensgemeinschaft" von innen. HP wird seine Kultur nicht aufrechterhalten können, weil – marxistisch gesprochen – der ganze ideologische Oberbau in der Realität ad absurdum geführt wurde. Schon die Verwandlung zu einem „normalen", gewöhnlichen, d. h. profitorientierten Unternehmen wird für HP schwer werden. Das wird nur gelingen, wenn möglichst schnell möglichst viele Neuzugänge die „alten" Glaubens- und Erfahrungsträger funktional ersetzen.

Der Übergang zum ausschließlich profitorientierten Unternehmen wird zu hohen Reibungsverlusten und zur Bildung von Gruppierungen führen, von „Gläubigen" und „Ungläubigen", von „Alten", die erzählen, „wie es damals war", von „Jungen", die, die diese Kultur nur noch vom Hörensagen kennen.

6. Die Annahme der eigenen Begrenztheit ist der Anker für geglückte Führung

Die harte Tour: Sie eröffnen ein Seminar. Sie begrüßen die Teilnehmer mit der Aussage, dass Sie sich Gedanken gemacht haben, was aus ihnen wird. Jedem der Teilnehmer haben Sie eine Visualisierung seiner zu-künftigen „Position" mitgebracht.

Sie schalten den Overheadprojektor an: zu sehen – ein Altenheim. Da kommt wenig Freude auf, dafür Unmut und gelegentlich Aggression. Das weiß man doch selbst, dafür braucht man keinen teuer bezahlten Referenten. Wir brauchen hier und jetzt Unterstützung, neue Motiva-tion, Ideen und zukunftsfähige Konzepte. Positive Unterstützung wird benötigt, nicht Destruktion und Fatalismus. In diesen Zeiten haben es unsere Leute schon schwer genug.

Könnte es sein, dass sie es auch deshalb so schwer haben, weil sie die-ses Wissen um ihre prinzipielle Begrenztheit nicht adäquat nutzen? Was für die Ethik herausgestellt wurde, dass eine qualifizierte Veränderung von Wirklichkeit auf eine erwünschte hin, nur dann in den Bereich des Möglichen kommen kann, wenn die Ausgangslage gekannt wird, gilt auch für Handlungen innerhalb des Führungskontextes. Sie sind nichts anderes als Handlungen in der Perspektive einer Bereichsethik. Verant-wortlicher Führungsalltag und verantwortliche Alltagsführung sind nur möglich in Kenntnis der Wirklichkeit. Und dazu gehört in ganz ausge-zeichneter Weise ein Wissen um die menschliche Person.

Die prinzipielle Begrenztheit des Menschen, seine Endlichkeit zeigt sich nicht nur in körperlich-geistig-seelischer Hinsicht. Philosophisch gesehen zeigt sich seine Endlichkeit auch darin, dass er sich vorfindet. Das heißt, er wurde von niemandem gefragt, ob er überhaupt *sein* wollte und ob er *so* sein wollte wie er nun ist. *Er findet sich vor* und findet sich *so* vor, dass er durch sein Selbst genötigt wird zu sein. Anders formuliert: Sein Wesen bestimmt sich darin: dass er ist und zu sein hat. (Heidegger, GA 2, § 9). Das ist mehr und etwas anderes als eine bloße Erkenntnis und ein ethischer Imperativ. Doch nie findet er sich allein vor, sondern es gehört zu seinem Wesen, dass er mit anderen da ist und sich aus einer Welt erfährt. Die anderen kommen nicht bloß hinzu, sondern sind jeweilig konstitutiv für ihn selbst. So muss er *arbeiten* und er muss mit *anderen arbeiten,* um zu sein. Tut er beides nicht, dann verliert er sich selbst.

Dass das Bedenken der Endlichkeit des Menschen in einzigartiger Weise relevant ist für die Frage nach der Führungspersönlichkeit, lässt sich auch noch anders und mit folgender Frage zeigen: Wie müsste ein Führungsalltag und eine dazu komplementäre Alltagsführung verstanden und gestaltet werden, wenn der Mensch *nicht* von seiner Endlichkeit betroffen wäre?

• Unsterbliche bauen nicht mehr

Der argentinische Schriftsteller Jorge Luis Borges hat eine Erzählung mit dem Titel *Der Unsterbliche* geschrieben. Sehr frei nacherzählt und ergänzt geht es darum, dass sich ein Sterblicher auf die Suche nach den Unsterblichen macht. Auch die Unsterblichen waren ursprünglich Sterbliche. Er will das Geheimnis ihrer Unsterblichkeit erfahren. Nach langer Suche findet er den Ort, an dem die Unsterblichen wohnen. Der Ort ist seltsam, leer und voll mit labyrinthartigen Kellern und ungewöhnlichen Pälästen. Häuser hatten Fenster, die in solch absurder Höhe angebracht waren, dass es völlig unmöglich war sie zu öffnen. Riesige Gänge hörten einfach auf oder wurden immer kleiner, bis kein Durchkommen mehr möglich war. Türen führten in Räume, an denen in der Zimmerdecke weitere Türen eingelassen waren. Gigantische Wendeltreppen, deren Geländer an der Unterseite angebracht waren, endeten schon nach wenigen Umdrehungen oder schraubten sich in unvorstellbare Höhen und hörten unvermittelt auf.

In dieser von Unsterblichen gebauten Stadt hat nichts mehr einen Sinn noch scheint irgendetwas einen bestimmten Zweck zu verfolgen. Es schien, als hätte mit dem Umschlag in die Unsterblichkeit das früher zweckmäßige Bauen sich zuerst spielerisch gewandelt, um sich dann nach kurzer Zeit völlig zu zerfasern und in der Herstellung von nicht nutzbaren Bauteilen oder Versatzstücken zu verenden. Irgendwann wurde nicht mehr gebaut. Die Stadt ist leer. Die Unsterblichen bewohnen sie nicht mehr. Der Suchende findet sie schließlich vor der Stadt, wo sie in Sandgruben dahinlebend, versuchen die Tage zu verschlafen. Der Suchende wundert sich nicht, dass sie nicht mehr miteinander reden. Was sollten sie denn auch zu erzählen und zu besprechen haben in der Endlosigkeit ihrer Existenz in der Gewissheit, eine nicht abreißende Zahl von Tagen überleben zu müssen? Eine Reihe, die nie enden wird und in der – gleichgültig, was sie erleben – alles wieder kommen und wieder geschehen wird, völlig unabhängig von dem, was sie tun und machen. So ist alle Aktivität der Unsterblichen schon lange erloschen. Jedes Forschen, Entwickeln und Handeln ist bedeutungslos geworden.

Was sollten Unsterbliche noch für Ziele haben, wenn keines mehr in begrenzter Zeit erreicht werden muss? Etwas wollen, dazu gehören Entschlüsse. Zum Entschlüsse fassen und Entscheidungen treffen gehört aus Möglichkeiten auswählen zu müssen und mit der Wahl sich festzulegen. Nicht nur „Wohl ist enge begränzt unsere Lebenszeit" (Hölderlin, An die Deutschen, IV, 133, V 41), sondern alles andere von uns auch. Was nun aber tun, wenn alle Kontingenz, aller Mangel, alle Endlichkeit fehlen? Welchen Sinn können da noch Entschlüsse und Entscheidungen haben?

Da, wo menschliches Leben endlos verliefe, wäre keine Handlung im ethisch relevanten Sinn mehr möglich, keine Sehnsucht, kein Ergreifen oder Versäumen einer unwiederbringlichen weil einmaligen Gelegenheit; kein Sehnen nach Berührung, kein Blick, der uns so nie wieder anblicken wird und sich damit einprägt für „immer", weil es der einzigartige Blick dieser war und keiner anderen, keiner jüngeren, keiner attraktiveren; keine Schuld, keine Vergebung, keine Freude, kein Glück. „Alles hat bei den Sterblichen den Wert des Unwiederbringlichen und des Gefährdeten. Bei den Unsterblichen dagegen ist jede Handlung (und jeder Gedanke) das Echo von anderen ... Nichts kann nur ein einziges Mal geschehen, nichts ist auf kostbare Weise zerbrechlich." (Borges, S. 20).

Will wirklich, wie Nietzsche schreibt, alle Lust Ewigkeit, tiefe, tiefe Ewigkeit?[47] Ja, sie will es. Doch diese „Ewigkeit" muss anders gedacht werden, denn nur als bloßes, zeitlich unbegrenztes Fortbestehen. Sonst würde zum größten Fluch über die Menschheit ihr sehnlichster Wunsch – ewig zu leben.

• Indem Zeit begrenzt, ermöglicht sie Meisterschaft

Aus dieser und nur aus dieser Perspektive werden die grundlegenden Maßstäbe in Klarheit deutlich, die nicht nur einem verantworteten Führungsalltag, sondern komplementär dazu auch einer verantworteten Alltagsführung gerecht werden. Beide gehören zusammen. Eine Führungspersönlichkeit, verstanden als einer, der in einem Selbstbildungsprozess steht, bildet eben nicht primär seine berufsrelevanten Führungskompetenzen aus, sondern sich selbst. Das hat Folgen für seine ganze Persönlichkeit. Ein hilfsbereiter Mensch ist nicht nur zu seinen Mitarbeitern hilfsbereit. Ein verschwiegener Mensch ist nicht nur in seinem privaten Lebensumfeld verschwiegen.

Die vollständige Ausblendung der grundlegenden Endlichkeit des Menschen ist das Kennzeichen vieler Karriereführer und Führungsanleitungen. Sie können damit der erfahrbaren Lebenswirklichkeit nicht mehr gerecht werden, weil sie in ihren Konzepten einen Typus von Menschen unterstellen und fordern, der, gerade wenn er versucht so zu sein, nicht mehr mit sich identisch ist. In Kapitel 1 wurde *gebildet* umschrieben als das Wagnis, das gute Leben zu führen, angesichts der Sicherheit des je eigenen Todes. Die grundlegenden Fragen nach Sinn und Glück sind gerade durch diese Endlichkeitsgewissheit bedingt und erfahrbar. Härter formuliert: Die Begrenztheit unseres Lebens ist die Bedingung für Sinn und Glück.

Auf diese Grundstrukturen des Daseins müssen Führungskonzepte eine Antwort bieten. Doch die meisten wollen völlig autonome, unabhängige, autarke und unverwundbare Führer schaffen. Wohlan, so lautet ihre Devise, lasst uns Götter schaffen, mindestens aber Heroen. Doch das Resultat gleicht eher Dämonen, Kobolden und Glöcknern, die ihre intellektuellen und körperlichen Verkrümmungen und Verwachsungen, ihre Leer- und Fehlstellen mit hohem, tagtäglich sich steigernden Einsatz zu verdecken versuchen. Machtausübung wird als Existenzerkenntnis verstanden. Ich ordne an, also bin ich.

> Die Endlichkeit des Menschen kann nur ausgeblendet werden mit dem Preis einer völligen Verkennung der Realität des Wesens des Menschens. Führungstechnik und Anleitungen, gleichgültig, ob sie Rezepte verordnen oder Lebensentwürfe anbieten, die die Realität des Menschen leugnen, nehmen ihn nicht ernst. *Würden sie es, dann müssten sie die Endlichkeit des Menschen als Fundamentaldatum berücksichtigen.*

Grunddaten und Grundfragen des Menschseins verabschieden sich nicht kurz vor dem Eintritt in das Berufsleben und melden sich dann wieder unaufgefordert nach Austritt aus dem Berufsleben. Sehr wohl können sie allerdings – und nicht nur in der Berufszeit – verdeckt, übersehen und beiseite gelassen werden.

Was das Ergebnis solchen Denkens, Handelns und Lebens ist, zeigen die populären Führungsratgeber überdeutlich. Erfolgreiches Leben ist Produkt einer Wahl aus einem standardisierten Angebot zeitgemäßer, beruflich kompatibler Karrieretypologien.

- Folgerungen aus einem personenorientierten Menschenbild:

Für das Subjekt:

- Die Würde des Menschen liegt in seiner *Selbstverantwortlichkeit*, d. h. in seiner Freiheit und Autonomie. An diese lässt sich nur appellieren. Der Wille zur Leistung lässt sich nicht manipulatorisch machen, jederzeit aber dadurch verhindern. Wenn Unternehmen Selbstverantwortlichkeit reduzieren, reduzieren sie damit auch die Motivation des Mitarbeiters.

Für das Mit-sein mit anderen:

- Interaktionen in Unternehmenskontexten sind durch asymmetrische Verhältnisse gekennzeichnet. Diese Interaktionen werden durch Personen vollzogen. Deren prinzipielle *Gleichheit* muss anerkannt werden.

- Asymmetrische Kommunikationskontexte sind nicht per se ungerecht. Doch jede ungerechte Situation ist ein Angriff auf die Würde des Menschen und hat unmittelbare Folgen auf seinen Leistungswillen. Die Sorge um *Gerechtigkeit* ist notwendig für die Existenz eines Unternehmens.

- Führung, die sich der Sache unterstellt und sich von ihr leiten lässt, reduziert das subjektive Gefühl der Ohnmacht von Mitarbeitern. Sie erhöht dafür die strukturelle Unsicherheit des Vorgesetzten und die Anforderungen an ihn. Denn vieles, was sachlich geboten ist, lässt sich auf unterschiedliche Weise erarbeiten. Dadurch steigt die subjektive Abhängigkeit des Vorgesetzten gegenüber dem Mitarbeiter. Doch immer werden Führungspersönlichkeiten auf das *freiwillige Wollen* und Mittun der anderen angewiesen sein – auf das sie hoffen und zu Recht vertrauen dürfen – es aber eben nicht manipulatorisch erzeugen und machen können.

Wer nur das Ziel im Auge hat, eine bestimmte Leistung zu einem bestimmten Zeitpunkt zu erhalten, der kann kurzfristig mit Druck, Abhängigkeit und sonstigen Manipulationstechniken Leistung erhöhen. Doch langfristig werden manipulierte, funktionierende und automatisierte Mitarbeiter die Sorte von Leistung abliefern, die äquivalent ihrer Behandlung ist: Automatenleistung.

– Die *Schaffung „anspruchsvoller", d. h. mit Sinn und Achtung verbundener Arbeitsplätze,* ist ein Gebot der Menschenwürde. Jede als stumpfsinnig empfundene Arbeitszeit, jede Aktivität in einem als „Idiotenjob" bezeichneten Arbeitsverhältnis ist vergeudete Lebenszeit. Das ist kein elitärer Gedanke, wo vermeintlich Gebildete auf die herabschauen, die wenig komplexe Arbeiten ausführen. *Die Würdeauszeichnung der Person ist nicht abhängig von ihrer konkreten Arbeit und hängt ebenso wenig vom gesellschaftlichen Ansehen dieser Arbeit ab.* Die jeweilige Arbeitstätigkeit bestimmt sich durch die funktionale und organisatorische Planung und Einteilung des Unternehmens. Den Sinn und die Anerkennung, die eine Person aus dieser Arbeit erfährt, ist davon streng zu unterscheiden. In guten Organisationen dürfte es keinen überflüssigen Arbeitsplatz geben, schon um der Achtung der Person willen. Das hätte zur Folge, dass alle Arbeitsplätze zur Erfüllung des Unternehmenszweckes gleich notwendig und dadurch wertvoll sind. Es gibt wohl einen funktionalen Unterschied zwischen Zeitungsredakteur und Zeitungsausträger, aber für den Unternehmenszweck sind beide notwendig und somit wertvoll.

– Deshalb kann die *Personalauswahl* in ihrer Bedeutung nicht ernst genug genommen werden. Dann kann es nur heißen: Nur die geeignete Person für *diesen* Arbeitsplatz. Wenn es aber keinen unbedeutenden Arbeitsplatz mehr gibt, dann ist für jede Stellenbesetzung die gleiche Sorgfalt anzuwenden. Die Besetzung der Stelle am Empfang muss die selbe Bedeutung bekommen, wie die Besetzung der Stelle des Hauptgeschäftsführers. Das heißt nicht, dass die jeweiligen Anforderungskataloge identisch sind. Es wäre ja lächerlich für den Arbeitsplatz am Empfang eines Unternehmens, das für die Wirtschaft Dienstleistungen zur Verfügung stellt ein BWL – und/oder Jurastudium zu fordern. Vielmehr muss von der Person am Empfang die Struktur „ihres" Hauses gekannt werden. Sie braucht die Fähigkeit, in kurzer Zeit, aus wenigen Fragen das Wesentliche herauszuhören und die entsprechenden Zuordnungen zu treffen. Wer könnte für das entsprechende Problem der richtige Gesprächspartner sein? Es ist nicht der Fall, dass diese Fähigkeiten leichter zu erwerben sind oder dafür weniger intellektueller Aufwand benötigt wird. Von ganz besonderer Bedeutung ist der Empfang für Menschen in fremdartigen Umgebungen und in existenziellen Situationen. In Krankenhäusern (als Patient und Besucher) wird der Erstkontakt mit dem Haus stets durch die Mitarbeiter am Empfang hergestellt. Diese *sind* das Haus und es dauert lange, bis ein hier gebildetes, negatives Urteil über das Haus, wieder relativiert wird.

– Die Endlichkeit des Menschen, d. h. seine Begrenztheit, ist ernst zu nehmen. Das geschieht dort, wo Personen *stärkenorientiert* gefördert werden. In der Auswertung einer Langzeitstudie des Gallup-Institutes von Buckingham und Coffman kommt klar zum Ausdruck, dass die Manager (Führungskräfte mit unmittelbarer Mitarbeiterverantwortung), die es schaffen, engagierte Mitarbeiter zu gewinnen, zu halten und zu fördern auch die Ertragssituation ihres Unternehmens stärken. Das ist vordergründig plausibel, doch die Autoren haben ihrer Meinung nach erstmals ein breiten und unternehmensübergreifenden Zusammenhang zwischen Mitarbeitermeinung und Betriebsleistung/Unternehmenserfolg nachgewiesen (vgl. Buckingham/Coffman, S. 26).

„Die Ergebnisse sind glasklar und in ihrer Bedeutung überhaupt nicht zu verkennen. Das Fazit lautet in der Tat: Die einzelnen Betriebe waren umso produktiver/leistungsstärker, je höher die Punktzahl, die die Mitarbeiter auf die zwölf Fragen vergaben. Hervorragenden Vorgesetzten war es gelungen, ihre Untergebenen für sich und ihre Sache zu gewinnen; diese engagierten Mitarbeiter sorgten dann für exzellente Betriebsergebnisse." (Buckingham/Coffman, S. 36).

Wenn nun tatsächlich der größte Trumpf eines Unternehmens gute Manager sind *und „Mitarbeiter nicht Unternehmen verlassen, sondern Vorgesetzte"* (S. 28), dann ist die entscheidende Frage die, welchen Ansatz haben diese sehr guten Manager? Das Überraschende der Studie ist, dass erfolgreiche Manager nichts gemeinsam haben, bis auf eine recht allgemeine Annahme, die auf S. 50 formuliert ist.

„Die Menschen sind weniger veränderbar, als wir glauben. Verschwende nicht deine Zeit mit dem Versuch, etwas hinzuzufügen, das die Natur nicht vorgesehen hat. Versuche herauszuholen, was in ihnen steckt. Das ist schwer genug."

Die Akzeptanz und Verwirklichung dieser Annahme erklärt den Erfolg des *sehr guten Managers* gegenüber dem „nur" durchschnittlichen Kollegen. Durch und durch nichts Neues, gerade deshalb umso bedenkenswerter. Auch deshalb, weil es das Gegenprogramm darstellt zur Ansicht, dass Leistung, Erfolg und Sinnerfüllung durch Selbstprogrammierung und Selbsterschaffung zu machen sind. *Du kannst eben nicht – auch wenn du willst.* Es ist eben nicht alles möglich. Wer das Unmögliche will, um das Mögliche zu schaffen, schafft am Ende das Unmenschliche.

– Es zu wagen *Verantwortlichkeit abzugeben.* Wie müssen sich Mitarbeiter fühlen, die seit Jahrzehnten ihre Arbeit machen und sie gut machen, und durch einen neuen Chef systematisch demotiviert werden, indem ihnen Selbstverantwortung entzogen wird? Welches Selbstbild hat ein Vorgesetzter, der Formularbestellungen zur Chefsache macht? *Ziele sind vor-*

zugeben, über den Weg bestimmen diejenigen, die es zu tun haben. Das ist leicht gesagt und schwer getan für den, der glaubt nur dann ein guter Chef zu sein, wenn er perfekt, allmächtig, allwissend ist und alles selbst macht, weil „man" sich so eben einen Chef = Vater = Herrscher = Gott vorstellt. Dass mit diesem Verhalten Mitarbeitern ein Höchstmaß an Unselbständigkeit antrainiert und Selbstverantwortlichkeit systematisch ausgetrieben wird, das liegt auf der Hand. *Nur wer Verantwortlichkeit abgibt, gibt dem Mitarbeiter die echte Chance verantwortliche Arbeit abzuliefern.*

Neuorganisation ist nicht gleich Neumotivation und Gruppenleiter bedeutet nicht notwendig Karriere (am Beispiel Bahn)

–   *Karrierewege und Beförderungen ermöglichen, die im Berufsfeld bleiben.* Doch der blinde Aufstieg (vgl. Buckingham/ Coffman S. 180f.) ist gerade für technische und handwerkliche Berufe häufig zu beobachten. Mit blindem Aufstieg ist das Phänomen zu beschreiben, das Laurence Peter schon 1969 beschrieben hatte und als „Peterprinzip" zu einer selbstverständlichen, ja abgedroschenen Metapher wurde. Es gibt Menschen, die schon von früh an wissen, was sie einmal werden wollen. Aus ihrer persönlichen Eignung haben sie einen Beruf gemacht bzw. sie sind innerhalb ihrer Berufsausübung in hohe Übereinstimmung mit ihrer eigenen Persönlichkeit gekommen. Doch auch andere, die mehr oder weniger zufällig zu einem bestimmten Beruf gekommen sind, können das durch die Zeit ausbilden, was altmodisch ausgedrückt so formuliert werden kann: *Sie haben in einem Beruf ihre Berufung gefunden.*

Auch Manager, die über Organisations- und Karrierestrukturen bestimmen, lieben ihren Beruf. Der Beruf des Managers besteht darin, *mit anderen hauptberuflich zielgerichtete Kommunikation zu betreiben.* Dies lernt der Manager von Anfang an und er wird innerhalb seiner beruflichen Entwicklung nichts anderes machen. Seine Karrieresprünge gehen im Regelfall einher mit der Ausweitung seines Delegationsbereiches. Die Folgen und Auswirkungen seiner Entscheidungen werden größer: von der Leitung eines Sekretariats in der Assistenzzeit bis zur Vertretung des Geschäftsführers; von der Leitung einer Unternehmenseinheit bis zur Position eines Vorstandsvorsitzenden eines Unternehmens. *Doch stets werden von ihm dieselben Fähigkeiten und Vermögen gefordert.*

Wie sieht es dagegen in konventionellen Karrieren aus? Die Karriere eines Lehrers oder einer Krankenschwester und vieler anderer Berufe läuft strukturell anders ab, als die Karriere des Managers. Eine guter Lehrer wird, wenn er befördert wird, dazu befördert, weniger das zu tun, worin er wirklich gut ist, nämlich Lehrer zu sein. Er wird zunehmend oder ausschließlich als Konrektor oder Schulleiter mit Verwaltungsaufgaben und Verwaltungsmenschen konfrontiert. Er wird im Rahmen seiner Beförderung gerade das nicht mehr machen können worin der Grund seiner Beförderung lag.

Eine sehr gute Krankenschwester wird, wenn sie Karriere machen will, nicht mehr so häufig das tun können, worin sie wirklich gut ist. Als Pflegedienstleiterin wird sie nur noch sehr eingeschränkt mit ihrer ursprünglichen Anforderungen, dafür umso mehr mit Personal- und Verwaltungsaufgaben konfrontiert werden. Stattdessen nimmt sie Aufgaben im operativen Management wahr. Als Pflegedirektorin hat sie überhaupt nichts mehr mit ihrer ursprünglichen Tätigkeit zu tun. Hier hat sie Funktionen und Aufgaben des strategischen und normativen Managements zu erfüllen. Schon der Wechsel vom operativen zum normativ-strategischen Management ist für gelernte Manager des mittleren Managements nicht einfach zu bewerkstelligen. Während das normativ-strategische Management Ziele und Grundorientierung vorgibt und auf die Entwicklung zukünftiger Erfolgspotentiale ausgerichtet ist, ist das operative Management auf deren Vollzug orientiert. Keine Frage ist, dass beide zusammenarbeiten müssen, keine Frage ist aber auch, dass für beide Bereiche recht unterschiedliche Fähigkeiten und Vermögen notwendig sind (vgl. Bleicher, 1994).

Das Gemeinsame bleibt stets: Karriere in diesen Berufen wird strukturell so gedacht wie ein Manager *seine* Karriere erfahren hat, nur eben eine Stufe kleiner. Hier passiert wiederum das, was mit dem Bedenken des Selbstverständlichen gemeint ist: *Selbstverständlich wird das Ideal einer Mitarbeiterkarriere gesehen und konfiguriert im Rahmen der typischen Managerkarriere.*

Doch die Sicht auf eine Sache und die Sache selbst sind zu unterscheiden. Es dauert ca. zehn bis 18 Jahre um auf einem Gebiet hervorragende Leistungen zu erbringen. Diese Zeiten variieren zwar von Beruf zu Beruf, aber unter zehn Jahre ist keiner dabei (vgl. Buckingham/Coffman, S. 188f.). Das gilt für Berufe durch alle Sparten, es gilt für Piloten, Kellner, Krankenpfleger, Lehrer, Verkäufer oder Chirurgen. Es ist nicht nur eine beeindruckende und durch nichts zu rechtfertigende Verschwendung von Kenntnissen, Fähigkeiten, Fertigkeiten und Können, wenn Mitarbeiter durch Beförderung aus ihrem Kompetenzbereich herausgestoßen werden. Es ist auch ein Zeichen mangelnder geistiger Flexibilität, völlig zu übersehen, dass Berufs- und Karrierevorstellungen von Mitarbeitern nicht notwendig mit den Karrierevorstellungen ihrer mittelbaren und unmittelbaren Vorgesetzten zusammenfallen müssen.

Gelegentlich glaubt man auch die gutmeinende Überheblichkeit heraushören zu können, Leute, die sich bewährt haben – als Belohnung gewissermaßen – aus ihrem Job zu befreien und sie nun zum einzig wirklichen und wahren Beruf zu befördern, zum Managerberuf.

Nicht jede Tätigkeit, die innerhalb eines unternehmerischen Gesamtprozesses anfällt, ist gleich komplex. Doch jede Tätigkeit innerhalb eines gut organisierten Gesamtprozesses ist *notwendiges* Element für die Erstellung der Unternehmensleistung. Schon aus diesem Grund muss alles dafür getan werden, dass sie so gut wie möglich ausgeführt wird.

Ein Karriereplan darf nicht zwangsläufig aus dem angestammten Berufsfeld führen. Differenzierte Leistungsstufen, breitere Gehaltskorridore, die Verleihung bestimmter Privilegien und Statussymbole können einen Karriereweg innerhalb der eigenen Berufstätigkeit strukturieren.

Es dauerte lange, bis ein Lokführer in den 70er und 80er Jahren TEE-Züge und IC-Züge fahren durfte. Es war der Höhepunkt der beruflichen Karriere. Die Anfänger konnten über Rangierfahrten, die Bedienung des Personennahverkehrs, über Güterverkehr und Nachtdienste Erfahrungen sammeln und sich in die „guten" Dienstpläne vorarbeiten (weniger Nachtdienste, weniger Wochenenddienste, weniger Übernachtungen etc.). Erfahrungszuwachs führt bei geeigneter Unterstützung zu Kompetenzzuwachs. Wer viele Loktypen beherrschte war universell einsetzbar. Universelle Einsetzbarkeit bedeutete geringere Monotonie. Heute einen IC nach München, morgen mit dem Nahverkehr nach Tübingen und übermorgen mit einem Güterzug nach Mannheim.

Der größere Entscheidungsspielraum führte zur Ausbildung eines ausgeprägten Berufsethos. Größere Entscheidungsbefugnis erhöht den Anspruch an die eigene Verantwortung. Mit der vor einigen Jahren eingeführten Neuorganisation der Bahn und der Aufteilung der Lokomotivführer in unterschiedliche Traktionsarten, in Nah-, Fern- und Cargoverkehr wurde diese Motivations- und Karrierestruktur nachdrücklich zerstört.

Die neue Bahn will neu motivieren. Und diese Neumotivation bzw. Karrierevorstellung entspricht ganz den Vorstellungen des Managements. Karriere heißt nun eben auch für Lokführer Team- bzw. Gruppenleiter werden. Doch eine Bahn bzw. Vorgesetzte, die glauben, das Karriereziel Gruppenleiter sei erstrebenswert für Lokführer, haben weder vom Personentyp des Lokführers eine Ahnung, noch haben sie Kenntnis über die langfristigen Anforderungen, die der Lokführerberuf mit sich bringt. Das erste ist entschuldbar, das zweite nicht. Denn dies gehört wesentlich zu den Aufgaben des Top-Managements im normativ-strategischen Bereich. Karrieremöglichkeiten zu entwickeln, *entsprechend* den Anforderungen des zugehörigen Berufsfeldes.

Auf den Bahnseiten im Internet steht bei den Anforderungen für den Lokführer ganz oben „Teamfähigkeit". „Teamfähigkeit" ist ganz gewiss im Trend der Zeit und auch für Lokführer keine überflüssige Fähigkeit, aber sie ist ganz sicher nicht die berufsentscheidende.

Stetigkeit, Verlässlichkeit, ein gelassenes, beinahe stoisches Gemüt, gepaart mit einem ausgeprägten Verantwortungsbewusstsein für sein Tun sind weit wichtiger. Es ist ja nicht die Unzahl der Kenntnisse, Fertigkeiten und Handgriffe, die er zu erlernen hat. Diese sind, mindestens seit dem Einsatz der Lokomotiven der Baureihe 120 relativ schnell angeeignet. Doch Stetigkeit, Bedachtsamkeit, das Vermögen, auch in hektischen Zeiten ruhig zu bleiben, sind nicht Handgriffen gleich erlernbar.

Was macht den Meister zum Meister?

Hier kommt das ins Spiel, was die Frage nach dem Meistersein zum wesentlichen Teil beantwortet. Was macht den Meister zum Meister, wenn es nicht seine Werkzeuge sind?

Der Meister innerhalb seines Berufes unterscheidet sich vom Lehrling, Gesellen und Gehilfen nicht dadurch, dass er die berufsspezifischen Tätigkeiten, ganz anders oder wesentlich besser ausführt. Er unterscheidet sich von diesen in seiner gestimmten Haltung, die auch seine Rücksicht, Umsicht und Weitsicht bestimmen, in der er seine Arbeit ausführt.

Er ist nicht nur selbst so gestimmt, sondern er stimmt auch das Gefüge, in das hinein die Sache sich ereignet. Dieses Gefüge, diesen Ereignisraum *macht* er nicht, aber durch sein Tun ermöglicht er es, dass seine Arbeit in und durch diesen „Raum" gestimmt werden d. h. sich der Sache gemäß ausbildet.

Er hat Ehrfurcht vor seiner Sache und er weiß, dass er mit ihr nie fertig, niemals ihr „Herr" werden wird. Die Einwilligung in diese Einsicht und deren lebenslange Bewältigung bedingt die Tiefe seines Hintergrundwissens und der darin enthaltenen, zumeist nicht artikulierbaren Erfahrungen, die er mit seiner Sache *durch die Zeit* gemacht hat.

Es ist doch ganz und gar kein Zufall – wieder so eine Banalität und Selbstverständlichkeit –, dass ein Meister älter ist als ein Lehrling oder ein Geselle. Gehilfen, die Handgriffe ausführen können, werden mit keiner bestimmten Altersstufe assoziiert.

Wer Spitzenleistungen sucht, muss Wege finden, dass sich diese Leute fachintern weiterbilden und weiterentwickeln können.

Das heißt: ein Unternehmen muss Karrierewege schaffen, die innerhalb des ausgeübten Berufes eine soziale und finanzielle Anerkennungsleiter bieten.

Wer würde Karrierewege im künstlerischen und musischen Bereich ernst nehmen, in der ein hervorragender Gitarrist zum Geiger werden müsste und dieser, möchte er weiter Karriere machen, zum Dirigenten? Eine hervorragende Spitzenleistung in einem Beruf kann nur der erfüllen, der für seinen Beruf Talent hat. Talent ist durch nichts substituierbar und für jeden Beruf, im Sinne einer Berufung, notwendig. Zur Erledigung eines „Jobs" braucht es kein Talent.

- Die Endlichkeit des Menschen ernst nehmen, enthält die Verpflichtung die Auswirkungen der Übernahme von unpassenden Konzepten zu überdenken. Die blinde Adaption und das darauf hin folgende konsequente Scheitern von Führungsphilosophien lässt sich nicht nur auf der individuellen Ebene verfolgen.

Beispiel Japan: Was war das in den frühen 90ern für eine Aufregung um die Geheimnisse der japanischen Wirtschafts- und Managementkunst. Alles, was japanisch war, war gut, zumindest bei den Führungskräften, die ihr Führungswissen aus den Ratgebern holten. „Vom Mythos des Unbesiegbaren", „Japan als Nummer eins", „Das leise Lächeln des Siegers", „Der Taifun". Die Japaner machten vor, was es heißt erfolgreich zu sein. So in den 90er Jahren.

„„Ich würde das heute alles ganz anders schreiben', konstatiert Martin Esser, der 1993 das Sachbuch ‚Kaishan, Personalmanagement in Japan' herausgegeben hat. ‚Wir waren damals noch voll auf der Bewunderungswelle'. Rückblickend hält der heutige Porsche-Chef in Japan die damalige Begeisterung in Europa und in den Vereinigten Staaten für ziemlich übertrieben. Man habe Prozesse theoretisiert, die in Japans Praxis ganz natürlich gewachsen waren. 'So sind viele Managementmethoden von Ausländern interpretiert und zum Kult hochstilisiert worden, die für Japaner einfach selbstverständlich und aus den besonderen Gegebenheiten und ohne tiefe Gedankensysteme gewachsen sind.' Im Nachgang ist vieles klarer. Den ausländischen Bewunderern hat vor allem die Effizienz der fernöstlichen Industrie imponiert. ‚Dann schaute man etwas genauer hin, entdeckte viele Besonderheiten und erhob das zu erstrebenswerten Philosophien.'" (Angela Köhler, Stuttgarter Zeitung Nr. 16/2002).

Die Selbstauslegung durch das „man", die Bestimmung der eigenen Existenz durch vermeintlich attraktive Schablonen bewirken stets nur eines: sie verbauen den Weg einer Selbstbestimmung, die den eigenen Ursprüngen gerecht wird. Es kann keine geglückte Selbstaneignung und eine darauf gründende Selbstbestimmung geben, die mit der Vorstellung arbeitet, die bisherige Geschichte des Individuums folgenlos abstreifen zu können. Das käme einem Schmetterling gleich, der leugnet, jemals eine Raupe gewesen zu sein.

Eine trendgemäße Führungskraft muss anders sein – jedes Jahr

- Führung und Moden schließen sich aus

Was als jeweiliges Ziel zu verwirklichen ansteht, ob die Ausbildung zum Hyperrealisten, die Erlangung von Macht, das Karrieremachen um jeden, fast jeden oder einen verhältnismäßig angemessenen Preis, vielleicht auch „nur" berufliche Zufriedenheit in der Verbindung mit privater Ausgeglichenheit, für jeden ist im Ratgeberkarussell etwas dabei. Alle sind der Meinung, dass Erfolg machbar ist. Nicht mehr alle *sagen* es, aber unterstellen gleichwohl, dass sich das angestrebte Ziel nur dann einstellt, wenn auch der Mensch sich ändert, der diesen Erfolg haben will. Der Mensch muss ein Erfolgreicher werden. Des Menschen Sein ist entsprechend den vorgeschlagene Anweisungen zu ändern, dann folgt der Er-folg. Die Wege, wie sich dieser Erfolg einstellt, wie Menschen sich zu ändern haben, sind zahlreich, darunter Hypnose, Suggestion, Programmierungen aller Art, Charisma, Geist, Religion, Glaube etc.

Wohin soll ich mich wenden, nach wem soll ich mich richten, wenn ich beruflichen Erfolg und Gewinn für meine Persönlichkeit will? Welche Kriterien soll ich nutzen, um zwischen Müller und Malik, Enkelmann und Gerken, Weick und Kellner zu wählen? Die Ziele und Vorstellungen, die angeboten werden, sind in ihrer Allgemeinheit häufig übereinstimmend und völlig zutreffend. Wer möchte bestreiten, dass man positiv denken und sich durch Rückschläge nicht entmutigen lassen sollte? Das Problem ist ja „nur" der Weg, der zu diesem Ziel führt. Diese Wege sind zwar einfach formuliert – meist wird ein Einstellungswandel gefordert – doch schwer zu gehen. Darum, weil Einstellungswandel eine innere Wandlung erfordert und dazu ein kontinuierlicher Wandlungs-, d. h. Bildungsprozess erforderlich ist, der sich *durch die Zeit* ereignet. Wenn schon die Ausbildung zu Spitzenleistungen in einem Beruf ein Jahrzehnt dauern, dann werden auch hier ähnliche Zeiträume zu veranschlagen sein.

Wer also jedes Jahr zum Thema ein Buch schreiben will, der müsste stets vom Selben das Gleiche sagen – doch häufig geht es darum, jedes Jahr etwas Neues zu sagen. Jedes Jahr ist ein neuer Megatrend im Anmarsch. Damit wird die Veränderungswilligkeit des Menschen nicht nur überfordert, sie wird verhöhnt.

Was Alfred Kieser zum Wechsel von Organisationsformen sagt, gilt auch für Führung: „Die Verbreitung von Organisationskonzepten folgt häufig Mustern, wie sie für Moden typisch sind." (Kieser, S. 21).

Auch diese Buch lässt sich in einen Trend einordnen. Der Schiffbruch der New Economy, das Abflauen des Internethypes, die Frage nach der richtigen Bildung, der Rückgriff auf älterer Manager bei der Ablösung oder Absetzung der Jungstars zeigen an, dass Zeiten des Umbruchs und der Krise herrschen. So wie bisher kann es nicht mehr weitergehen, doch wie es weitergehen soll, ist unklar, weil verlässliche und Erfolg versprechende Handlungsmuster fehlen. Konservative Denkstrukturen und Handlungsmuster kommen wieder auf den Tisch und in die engere Handlungsauswahl. Da ist es nur konsequent und entspricht dem Trend, wenn auch Führung wieder konservativ ausgerichtet wird. Sogar die ad acta gelegte „Gemeinschaftsschablone" wird wieder ausgepackt.

Mit Typisierungen muss gelebt werden, und es lässt sich leichter mit ihnen leben, wenn sie für falsch gehalten werden. Denn die erneute Besinnung auf die Ursprünge, das Werben für die Bedeutung der Frage nach dem Menschen ist keine Restaurierung des Vergangenen, sondern die Suche *nach* und das Plädoyer *für* einen Maßstab, an dem sich ein menschenwürdiger Fortschritt und eine ebensolche Ökonomie zu orientieren hat. Ich sehe keine Möglichkeit, an der Einsicht vorbeizugehen: Wo die wesentliche Endlichkeit der Menschen keine Rolle mehr spielt, da mögen die Illusionen, die Führungs- und Erfolgskonzepte noch so großartig und plausibel wirken und klingen, sie werden dem Menschen nicht gerecht und werden dadurch unmenschlich.

- Anzüge gibt es von der Stange – Führungs*persönlichkeiten* nicht

Die tatsächliche Relevanz der Bedeutung der Frage nach dem Wesen des Menschen zeigt sich immer wieder daran, dass die Arbeit an der eigenen Person ein mühevolles und langfristiges Unternehmen ist. Doch gerade diese Mühen und die Langwierigkeit der Prozesse zeigen, dass hier grundlegende Strukturen getroffen sind. Die Arbeit an der eigenen Person ist und bleibt der einzige Weg, auf dem sich so etwas wie eine *Führungspersönlichkeit* ausbilden kann.

Vor allem zeigt sich dabei, dass es kein Modell von Führung geben kann, sondern immer nur individuell ausgebildete Führungspersönlichkeiten.

Führen kann nur einer – und andere lassen sich nur durch einen führen – bei dem natürliche Autorität spürbar wird. Autorität wird da spürbar, wo die Führungspersönlichkeit sich als erste unter die Ansprüche der Sache stellt. Nur da, wo Person und Inhalt in hohem Maße kongruent sind, wo einer durch sein eigenes Tun bezeugt, dass es ihm um die Sache geht, nicht um Macht – ist es für andere überhaupt möglich, Führung bzw. geführt zu werden nicht mit Selbstaufgabe, d.h. Autonomieverlust, zu assoziieren.

Eine Führungspersönlichkeit ist im beständigen Prozess wechselseitiger Selbsterkenntnis und Selbstannahme. Wo es im Rahmen von Delegations- und Unterordnungsprozesse zur Begegnung zwischen Personen kommt, schlagen alle Techniken fehl und verkommen zur bloßen Schauspielerei. Angewandte Technik vermittelt notwendig dem anderen, dass er manipuliert wird. Er erfährt sich dann gerade als das, als was er, wenn er wirklich als „Mitarbeiter" verstanden werden würde, niemals behandelt werden dürfte: er erfährt sich als Mittel zum Zweck.

Eine Führungspersönlichkeit braucht nicht notwendig 100 Tipps zur Konfliktbewältigung auf dem Regal. Eine Führungspersönlichkeit braucht notwendig den Mut, dem anderen ins Gesicht zu sagen: Ich bin mit ihrer Leistung nicht zu zufrieden, wie auch dem anderen ins Gesicht zu sagen hat: Ich habe mich geirrt.

Es ist möglich, sich auf die Führungsaufgaben vorzubereiten, aber nicht durch den Erwerb von Eigenschaften oder durch das Hantieren mit Rezepten. Die Führungspersönlichkeit der Zukunft ist ein Gebildeter. Das hat nichts mit sozialer Abstammung oder Schulabschlüssen zu tun. Das hat etwas mit *Selbsterkenntnis und Selbstannahme* zu tun. Es heißt Lernender zu bleiben, mehr noch Lernender zu sein. Wer um sich selbst weiß und sich als der, der er ist, anerkennen und annehmen kann, in der ganzen Brüchigkeit seiner Existenz, der braucht die an ihn verliehenen Delegationsbefugnisse nicht als persönliche Macht zu interpretieren, um sich mit ihrer Hilfe gegenüber den anderen ein bisschen größer zu machen. Der kann die an ihn verliehene Macht für die Sache einsetzen, für die er sie bekommen hat.

Mit dieser Grundhaltung verändert sich in realer Arbeitswelt nichts automatisch. *Doch wo Menschen mit Menschen zusammenkommen, passiert nie etwas automatisch.* Höchstens da, wo mit Repression und Manipulation gearbeitet wird. Hier bekommt man tatsächlich automatisch Leistung, aber eben auch Automatenleistung.

Immer werden Führungspersönlichkeiten auf das Mittun und Wohlwollen der anderen angewiesen sein – auf das sie hoffen und zu recht vertrauen dürfen, – es aber eben nicht manipulatorisch erzeugen und machen können. „Persönlichkeiten" der Lara Croft Generation, die die Würde und den Wert ihrer Person an ihrer jeweiligen Leistung festmachen, wird dies alles unerträglich vorkommen. Welcher Imageverlust könnte größer sein, gerade in hoch individualisierter Zeit, – in der ja nach wie vor das Individuum faktisch auf den anderen ange-

wiesen bleibt –, als diese Abhängigkeit vom anderen öffentlich ein-
zugestehen? Wo käme den die Endlichkeit des Subjekts deutlicher
zum Ausdruck? Wer die Würde und den Wert *seiner* Person an seiner
Leistung festmacht, der wird früher oder später sich selbst und andere
als Objekte behandeln.

Für diejenigen aber, die das Wesentliche eines geglückten Lebens, zu
dem Arbeiten gehört, nicht durch die öffentlich dominierende und
wirtschaftlich orientierte Standardexistenz repräsentiert sehen, sondern glauben, dass geglücktes Leben etwas mit der freien und nicht
manipulierbaren oder technologisch herstellbaren Anerkennung meiner selbst *durch andere Personen* zu tun hat, für diejenigen wird personale Begegnung immer in den Kategorien der Achtung, der Freiheit, der Verantwortung und Wahrhaftigkeit stattfinden. Und es ist
nicht ausgeschlossen, *dass da, wo Personen mit Personen in den
Kategorien der Würde und Achtung umgehen,* das eher ermöglicht
und verwirklicht wird, ja gerade von selbst sich einzustellen vermag –
was alle Führungs- und alle Motivationstechnik vergeblich zu erreichen sucht –, dass der andere von sich aus will.

Anmerkungen:

[1] Vgl. Sozialethische Überlegungen zur Frage des Leistungsprinzips und der Wettbewerbsgesellschaft. Eine Denkschrift der Kammer der Evangelischen Kirche in Deutschland für soziale Ordnung, hrsg. vom Rat der Evangelischen Kirche in Deutschland, Gütersloh 1978, bes. S. 27f.

[2] Karsten Füser: Modernes Management. 2. überarbeitete Auflage, München 1999. Füser beruft sich beim Unternehmen im Kriegszustand auf den Ökonom Richard D'Aveni.

[3] Vgl. dazu Karl Homann, Wirtschaftsethik. In: Josef Wieland (Hg.), Wirtschaftsethik und Theorie der Gesellschaft, Frankfurt am Main 1993, S. 32-53.

[4] Marcus Buckingham, Curt Coffman: Erfolgreiche Führung gegen alle Regeln. Wie Sie wertvolle Mitarbeiter gewinnen, halten und fördern, Frankfurt und New York 2001.

[5] Vgl. z. B. Regine Koch-Scheinpflug, Senioren als Zielgruppe, in: Magazin Wirtschaft 5/2002, S. 6-12.

[6] Kritisch und überzeugend dazu Werner Sesink: Menschliche und künstliche Intelligenz. Der kleine Unterschied. Stuttgart 1993.

[7] Steve Jobs: zitiert nach Theodore Roszak: Der Verlust des Denkens. Über die Mythen des Computer-Zeitalters. München 1986, S. 60.

[8] Pamela McCorduck, Edward Feigenbaum: Die Fünfte Computer-Generation. Basel 1984, 112-113.

[9] Ray Kurzweil, Was bleibt vom Menschen? in: Die Zeit Nr. 46, 11.11. 1999, Leben, S. 6-7, 7. Zwei Jahre später hat Kurzweil wieder ein Interview mit der Zeit geführt. Dort heißt es: „Mit Hilfe der Nanotechnologie dürften wir in 25 bis 30 Jahren in der Lage sein, auf völlig neue Weise jedes nur denkbare Produkt herzustellen." (Die Zeit Nr. 2, 03.01.2002, S. 20). Und keine Frage ist es dann auch, dass Mensch und Maschine eins

werden. Die Geschwindigkeit des Fortschritts wird sich alle zehn Jahre verdoppeln. „Manchmal sogar noch schneller. Exponentielles Wachstum ist eben Kennzeichen des technologischen Fortschritts." (Kurzweil, 2002, S. 2).

[10] Hans Moravec, Mind Children. Der Wettlauf zwischen menschlicher und künstlicher Intelligenz. Hamburg 1990.

[11] Hans Moravec, Interview. In: Chip, (1996) 8, S. 50. Zu den Entwicklungsprognosen künstlicher Intelligenz im Zeitraum von 2000 bis 2100 und danach vgl. ders., Körper, Roboter und Geist. In: Christa Maar, Ernst Pöppel, Thomas Christaller (Hrsg.): Die Technik auf dem Weg zur Seele. Forschungen an der Schnittstelle Gehirn/Computer, Hamburg 1996, 162-196; ders.: Geisteskinder. Universelle Roboter. In: Computertechnik (1996) 6, 98-104 und das Interview mit Moravec mit dem Titel: Auf lange Sicht sind wir natürlich völlig obsolet. Ebd., S. 106-111. Eine vom Computer erwartete Anthropodizee führt zum „Verschwinden des Subjekts". Vgl. Klaus Sachs-Hombach: Theodizee und Computer. In: Christoph Hubig, Hans Poser (Hrsg.): Cognitio Humana – Dynamik des Wissens und der Werte. XVII. Deutscher Kongress für Philosophie Leipzig 1996. Leipzig 1996, S. 413-420, S. 418.

[12] Ray Kurzweil, (1999), S. 7. Solche Aussagen sind nichts anderes als Schönrednerei. Software stirbt nicht, Software wird gelöscht.

[13] Angelika Wagner-Link, 50plus – Ballast oder Leistungspotenzial? Die Kompetenzen älterer Arbeitnehmer, in: Politische Studien Sonderheft 2 / 2001, S. 70-83.

[14] Selten konnte der Unterschied, d. h. die völlige Bezugslosigkeit des Wissens einer Person und der Person selbst, so deutlich wahrgenommen werden wie in den Tagen nach dem Anschlag in den USA am 11. 09. 2001. Die nahezu vollständige Kenntnislosigkeit geschichtlicher Grundlinien führten zu diffusen apokalyptischen Kommentaren – nichts wird so bleiben wie es einmal war –, was ja zutreffend ist, wenn Geschichte begriffen wird als maximal 50 Jahre alte, vergangene Gegenwart.

Was im weltpolitischem Zusammenhang feststellbar ist, lässt sich auch in jeder Unternehmensgeschichte aufweisen. Neu installierte Unternehmensleitungen, die die Geschichte eines Unternehmens umgehen, das wirksame, aber nicht artikulierbare Wissen ignorieren bzw. seine Träger gezielt abzustoßen versuchen, sei es durch Fusionierungen, durch Frühpensionierungen etc. werden bestraft durch eine mühevolle, schmerzliche und meist verlustreiche Neuorientierung und teure Neuerwerbung des verschleuderten Wissens.

[15] www.bundesregierung.de/dokumente/Pressemitteilung/ix_22285.htm.

[16] Vgl. Jürgen Rüttgers, Schulen ans Netz, in: Die Zeit 39 (1997) vom 19. September 1997, S. 50.

[17] Aber das sagt nicht nur er, so steht es auch im „Memorandum des Initiativkreises Bildung der Bertelsmann Stiftung unter der Schirmherrschaft des Bundespräsidenten" (Roman Herzog, Initiativkreis Bildung. Zukunft gewinnen. Bildung erneuern, hg. von der Bertelsmann Stiftung, München 1999). Inhaltlich folgen Bildungsministerin Edelgard Bulmahn und Ron Sommer. Ähnliche Aussagen in der Expo-Rede von Bundeskanzler Schröder und beim D21-Vorsitzenden Erwin Staudt.

[18] Empfehlungen zur Erneuerung des Bildungswesens (Bertelsmann Stiftung), München 1999.

[19] Populärer Allroundmoderator, der eine Fernsehsendung bei RTL moderierte, in der Kandidaten mit entsprechendem „Wissen" hohe Geldbeträge gewinnen konnten. Zur entsprechenden Frage wurden vier mögliche Antworten vorgestellt, wobei eine der Antworten die zutreffende war. Diese Form der Zuschauerunterhaltung führte in den Jahren 2001-2002 zu einem gewissen Boom, der sich in zahlreichen Konkurrenzsendungen, einer PC-Fassung des Konzeptes sowie entsprechender Literatur äußerte. Fragen konnten sein: Wie heißen die Neffen von Donald Duck? Oder: Wie bestimmt Martin Heidegger das Wesen der Technik?

[20] Eva Maria, Höller-Cladders, Interview: Weiterbildung: Forderung nach bester Qualität. In: Magazin Wirtschaft der IHK Region Stuttgart, (2001) 1, S. 14.

[21] Bundesvereinigung der Deutschen Arbeitgeberverbände, „Führungskraft Lehrer". Empfehlungen der Wirtschaft für das Lehrerleitbild, Berlin 2001.

[22] Edelgard Bulmahn, Rede zum Thema. ‚Forum Bildung – Konsequenzen aus der Sicht des Bundes, anlässlich des Abschlusskongresses des Forums Bildung am 10. Januar 2002 in Berlin (Bundesministerium für Bildung und Forschung, PDF-Datei, S. 3).

[23] In: PC-Welt, 06/02, S. 37.

[24] Hermann Broch bezeichnete damit den 16. Juni 1904, den Tag, an dem James Joyce Leopold Bloom durch ein Dublin wandern lies, dass es so nie gab und doch wirklicher war als jede Realität. Leopold Blooms Wanderung durch Dublin ist das Produkt eines Versuches, der die letzte verborgenen Sehnsucht einer „virtuell reality" enthält, die Herstellung von Gleichzeitigkeit. Doch dieser Versuch bleibt unrevidierbar auf das Sein des Menschen bezogen und bedingt die Erfolglosigkeit des Überschreitens. Die Forderung nach Simultanität bleibt das Ziel alles Epischen, „ja alles Dichterischen: das Nacheinander des Eindrucks und des Erlebens zur Einheit zu bringen, den Ablauf zur Einheit des Simultanen zurückzuzwingen, ... mit einem Wort die Überzeitlichkeit des Kunstwerks im Begriff der unteilbaren Einigkeit herzustellen." (Broch, S. 35).

[25] Die Bezeichnung „neuer Nomade" wird von Ernst W. Heine übernommen, der in einer Auseinandersetzung mit der modernen Stadtkultur diesen Terminus nutzt. (Vgl. Literaturverzeichnis).

[26] Eine ausgezeichnete Einführung in die Grundprobleme einer Medienethik bietet Klaus Wiegerling. (Vgl. Literaturverzeichnis).

[27] Sehr zu Recht sagt einer ihrer männlichen Schöpfer: „Es ist natürlich für uns sehr interessant, dass wir die absolute Kontrolle darüber haben,

was Lara tut. Sie wird nicht älter, und sie wird nicht krank, das heißt, sie ist einfach ein großer perfekter Superstar." Jeremy Smith in einem Interview mit der Computerspielzeitschrift PC Action (1999) 12, S. 238-240, S. 238, anlässlich der Premiere der 4. Folge von Tomb Raider.

[28] Seit der Zerstörung der Twin Towers in Manhattan, über die Markus Koch auch berichtete, sind Image und Person weiter auseinandergedriftet.

[29] Dagmar Deckstein, Das Ende der Kontrolle. Die neue Netzwerk-Wirtschaft erfordert ein neues, systemisches Denken. In: Süddeutsche Zeitung vom 30. Juli 1999, Nr. 173, S. 26.

[30] Dagmar Deckstein, Das Ende der Maschinen-Diktatur. In: Süddeutsche Zeitung vom 05. Mai 2002. Aus einem Beitrag von Deckstein für die Süddeutsche Zeitung bezieht sich auch Müller auf S. 100 ihres Buches, leider ohne genauere bibliographische Angaben.

[31] Von der Langlebigkeit des Unternehmens im Kopf berichten Karolina Frenzel, Michael Müller und Hermann Sottong, Das Unternehmen im Kopf. Schlüssel zum erfolgreichen Change-Management, München u. a.: Hanser 2000. Auch diese sind der Meinung, dass Verhalten, das durch Erfahrung „begründet" wurde, nur durch neue Erfahrung veränderbar ist. Im Gegensatz zu Müller sind sie jedoch der Meinung, dass dazu die Kenntnis der Vergangenheit notwendig ist. Denn nur durch das Wissen, wie die jetzigen Verhaltensweisen zustande gekommen sind, lassen sich Probleme und Stärken eines Unternehmens, d. h. der darin agierenden Personen, erkennen und fördern. „Meist ist es effektiver und billiger, die Handbremse zu lösen, bevor man kräftiger aufs Gaspedal tritt!" (Frenzel, Müller, Sottong, S. XI)]

[32] Die Idee, den Gesundheitssektor als zukünftigen Megamarkt zu sehen wird von der Autorin in einem Kommentar „Leiden für den Zukunftsmarkt", (Süddeutsche Zeitung vom 19. August 2002, Nr. 190, S. 20) kritisch-ironisch bewertet. Doch im Grunde ist diese Idee nichts anderes als die konsequente Befolgung ihres eigenen Konzeptes. Wer – wie Mokka Müller – neue Identitäten schaffen will, gänzlich ohne Leid und ohne schmerzliche Erfahrungen, der sollte sich nicht wundern, wenn die

körperliche Komponente des Menschen auch durch das „als ob" sich herausgefordert sieht. „[D]er energiegeladene Macher verbringt die kostbarsten Wochen des Jahres gern damit, sich zu quälen, Schmerzen zu ertragen und dabei auch noch spirituell und mental zu wachsen." Hier ist jede Ironie fehl am Platz. Denn genau das muss der Macher tun, wenn er Müllers Buch gelesen hat und ihr Konzept von Identität ernst nimmt.

[33] Die Bedeutung der Unterscheidung von „Ich" und „Selbst", wird von Heidegger darin gesehen, dass Identitätskonzepte, die das „Ich" als Basis und Träger des realen Menschen setzen nicht gründlich genug sehen. Das Wesen, der Grund des Menschen liegt nicht im „Ich". Das Wesen des Menschen liegt in seinem „Selbst". Das Selbstbewusstsein kann sich als Ichselbst aber eben auch im Wir- und im Du- oder im Ihr-Selbst zeigen (Vgl. Heidegger, GA 38).

[34] In: Magazin Wirtschaft, IHK-Stuttgart, Heft 07-08/2002, S. 17.

[35] Das „Seiende im Ganzen" oder das „Ganze der Wirklichkeit" sind Ausdrücke, mit denen eine Wissenschaft nichts mehr anfangen kann. Sie verweisen in die Philosophie.

[36] Wesentliche Merkmale einer wissenschaftlichen Theorie sind nach Gerhard Vollmer: Zirkelfreiheit, innere und äußere Widerspruchsfreiheit, Prüfbarkeit und Testerfolg. (Vgl. Gerhard Vollmer, S. 20f.).

[37] Martin Heidegger, Hölderlins Hymnen „Germanien" und „Der Rhein", (Gesamtausgabe Bd. 39), Frankfurt am Main 1980.

[38] Vgl. dazu Ferdinand Rohrhirsch, Letztbegründung und Transzendentalpragmatik. Eine Kritik an der Kommunikationsgemeinschaft als normbegründender Instanz bei Karl-Otto Apel, Bonn 1993.

[39] Immanuel Kant, Metaphysik der Sitten, hg. v. Wilhelm Weischedel, Immanuel Kant. Werkausgabe, Bd. VIII, Frankfurt am Main 1968, A 93, S. 569.

[40] Ebd.

[41] Kant, Immanuel, Grundlegung zur Metaphysik der Sitten, BA 78, Bd. VII S. 69.

[42] *In unserer Alltagswelt kommen Menschen immer in Körpern vor.* Das ist nichts Neues und doch hat es Folgen. Die Unterstellung, der andere sei eine Person im kantischen Sinne, können wir immer nur aus der Außenperspektive vollziehen. Dass der andere tatsächlich eine Person ist, kann ich aus meiner Perspektive nie endgültig und sicher feststellen. Gleichgültig, welche raffinierten Methoden jeder beliebigen Wissenschaft ich mir vorstelle, die Erfahrung des je eigenen *Vor-sich-selbst-verantwortlich-sein-könnens* ist mir nur bei mir selbst zugänglich. Der Körper des Menschen ist das Zeichen seiner Würde. Alle Menschen, die uns begegnen, begegnen uns in ihrer leiblichen Gestalt. Und die Leiblichkeit von uns ist mehr als eine Eigenschaft. Sie ist ein Wesensmerkmal des Menschen. Bei einer unheilbaren Krankheit hat es keinen Sinn zu sagen, mein Körper wird sterben - ich werde sterben. „Das Recht bindet deshalb den Respekt vor der Person allein an die Präsenz eines leibhaften Individuums und sieht im Angriff auf das leibliche Leben einen Angriff auf die Person. Es ist diese Annahme, die im Menschenrechtsgedanken ihren Ausdruck findet, wenn die Würde dem Menschen *als Menschen* zugeschrieben und die Unantastbarkeit der Würde in Rechten entfaltet wird, die die Integrität des leiblichen Lebens schützen." (Baumgartner, S. 216).

[43] Das Folgende verdankt sich: Georg Wieland, Ethik als praktische Wissenschaft. In: Ludger Honnefelder/Gerhard Krieger (Hg.), Philosophische Propädeutik Band 2: Ethik, Paderborn u.a.: Schöningh 1996, S. 19-70, bes. S. 36-41.

[44] Britt A. Wrede, So finden Sie den richtigen Coach. Mit professioneller Unterstützung zu beruflichem und privatem Erfolg, Frankfurt/New York: 2000, S. 168.

[45] Süddeutsche Zeitung, Nr. 295, 2001, V1/2.

[46] Martin Heidegger, Hölderlins Hymnen „Germanien" und „Der Rhein", (Gesamtausgabe Bd. 39), Frankfurt am Main 1980.

[47] Friedrich Nietzsche, Also sprach Zarathustra , Das trunkne Lied.

Literaturverzeichnis:

APEL, KARL-OTTO, Das Apriori der Kommunikationsgemeinschaft und die Grundlagen der Ethik. In: Ders., Transformation der Philosophie, Bd. 2 Das Apriori der Kommunikationsgemeinschaft, Frankfurt am Main 4. Aufl. 1988.

BAUMANN, ZYGMUNT, Unsterblichkeit, Biologie und Computer In: Christian Maar, Ernst Pöppel, Thomas Christaller (Hg.), Die Technik auf dem Weg zur Seele. Forschungen an der Schnittstelle Gehirn/Computer, Reinbek 1996, S. 241-256.

ARISTOTELES, Nikomachische Ethik, Stuttgart 1992.

BAUMGARTNER, HANS MICHAEL, HONNEFELDER; LUDGER, U.A., Menschenwürde und Lebensschutz: Philosophische Aspekte, in: Rager, Günther (Hg.), Beginn, Personalität und Würde des Menschen, Freiburg und München: Alber 1993, S. 161-242.

BECKER, FRED G., Einführung in die betriebswirtschaftliche Personal- und Organisationslehre. In Rolf Walter (Hrsg.), Wirtschaftswissenschaften. Eine Einführung, Paderborn u.a. 1997, S. 306-348.

BLEICHER, KURT, Leitbilder. Orientierungsrahmen für eine integrative Managementphilosophie, 2. Auflage, Zürich 1994.

BORGES, JORGE LUIS, Gesammelte Werke. Band 3/II Erzählungen 1949-1970, München und Wien 1981 (darin: Der Unsterbliche, S. 7-24).

BROCH, HERMANN, James Joyce und die Gegenwart, (Bibliothek Suhrkamp, Bd. 306), Frankfurt am Main 1972.

BUCHER, ALEXIUS J., Verantwortlich Handeln. Ethik in Zeiten der Postmoderne, Regensburg 2000.

BUCKINGHAM MARCUS, COFFMAN, CURT, Erfolgreiche Führung gegen alle Regeln. Wie Sie wertvolle Mitarbeiter gewinnen, halten und fördern. Konsequenzen aus der weltweit größten Langzeitstudie des Gallup-Instituts (erschienen 1999: übers. v. H. Allgeier), Frankfurt am Main 2001.

BULMAHN, EDELGARD, Rede zum Thema. ‚Forum Bildung – Konsequenzen aus der Sicht des Bundes, anlässlich des Abschlusskongresses des Forum Bildung am 10. Januar 2002 in Berlin. (Bundesministerium für Bildung und Forschung, PDF-Datei)

BUNDESVEREINIGUNG DER DEUTSCHEN ARBEITGEBERVERBÄNDE (HG.), „Führungskraft Lehrer“. Empfehlungen der Wirtschaft für das Lehrerleitbild, Berlin 2001.

BUTTA, CARMEN, Die handgemachte Frau. In: Die Zeit Nr.2, 2002, S. 9.

DECKSTEIN, DAGMAR, Das Ende der Kontrolle. Die neue Netzwerk-Wirtschaft erfordert ein neues, systematisches Denken. In: Süddeutsche Zeitung vom 30. Juli 1999, Nr. 173, S. 26.

DECKSTEIN, DAGMAR, Das Ende der Maschinen-Diktatur. In: Süddeutsche Zeitung vom 04./05. Mai 2002, S. V1/17.

DIE BAHN (HG.), Personal- und Sozialbericht 2001, Berlin Mai 2002.

EUGEN DREWERMANN, Psychoanalyse und Moraltheologie. Bd. 3. An den Grenzen des Lebens, Mainz 1984.

DRUCKER, PETER F., Management im 21. Jahrhundert, München 1999.

FIEDLER-WINKLER, ROSEMARIE, Konzentriertes Misstrauen. In: Stuttgarter Zeitung vom 28. September 2002, S. 53.

FREYERMUTH, GUNDOLF. S., Die digitale Wanderung. Digitalisierung fördert transnationale Lebensentwürfe. In: C’T 2002, 1, S. 202-208.

FRENZEL, KAROLINA; MÜLLER, MICHAEL; SOTTONG, HERMANN, Das Unternehmen im Kopf. Schlüssel zum erfolgreichen Change-Management, München u. a. 2000.

FÜSER, KARSTEN, Modernes Management, 2. überarb. Aufl., München 1999.

GANDOLFI, ALBERTO, Von Menschen und Ameisen. Denken in komplexen Zusammenhängen, Zürich 2001.

GERKEN, GERD, Geist. Das Geheimnis der neuen Führung, Düsseldorf u.a. 2. Aufl. 1991.

GOETHE, JOHANN WOLFGANG, Faust. Erster und zweiter Teil, München 1977.

HABBEL, ROLF W., Faktor Menschlichkeit. Führungskultur in der Net economy, Wien und Frankfurt 2001.

HEIDEGGER, MARTIN, Sein und Zeit, (Gesamtausgabe, Bd. 2 = GA 2), Frankfurt am Main 1977.

HEIDEGGER, MARTIN, Wegmarken, (GA 9), Frankfurt am Main 1976.

Heidegger, Martin, Grundbegriffe der Aristotelischen Philosophie, (GA 18), Frankfurt am Main 2002.

HEIDEGGER, MARTIN., Die Grundbegriffe der Metaphysik. Welt – Endlichkeit – Einsamkeit, (GA 29/30), Frankfurt am Main 1983.

HEIDEGGER, MARTIN., Einleitung in die Philosophie, (GA 27), Frankfurt am Main 1996.

HEIDEGGER, MARTIN, Vom Wesen der Wahrheit. Zu Platons Höhlengleichnis und Theätet, (GA 34), Frankfurt am Main 1988.

HEIDEGGER, MARTIN, Logik als die Frage nach dem Wesen der Sprache, (GA 38), Frankfurt am Main 1998.

HEIDEGGER, MARTIN, Einführung in die Metaphysik, (GA 40), Frankfurt: am Main 1983.

HEIDEGGER, MARTIN, Nietzsche. Der europäische Nihilismus, (GA 48, Frankfurt am Main 1986.

HEIDEGGER, MARTIN, Hölderlin. Der Ister, (GA 53), Frankfurt am Main 1984.

HEIDEGGER, MARTIN, Bremer und Freiburger Vorträge, (GA 79), Frankfurt am Main 1994.

HEINE, ERNST W., Der neue Nomade. Ketzerische Prognosen, Zürich 1986.

HERZOG, ROMAN, BERTELSMANN STIFTUNG (HG.), Empfehlungen zur Erneuerung des Bildungswesens, München 1999.

HÖFFE, OTFRIED, (Hg.), Lexikon der Ethik, 6. neubearbeitete Auflage, München 2002.

HÖLLER-CLADDERS, EVA MARIA, Interview: Weiterbildung: Forderung nach bester Qualität. In: Magazin Wirtschaft der IHK Region Stuttgart, 1/2001 1, S. 14.

HOLZBAUER, ULRICH D., Management. (Kompendium der praktischen Betriebswirtschaft hg. v. Klaus Olfert), Ludwigshafen 2000.

HOMANN, Karl, Wirtschaftsethik. In: Josef Wieland (Hg.), Wirtschaftsethik und Theorie der Gesellschaft, Frankfurt am Main 1993, S. 32-53.

IDENTITY FOUNDATION (Hg.), Quellen der Identität. Das Selbstverständnis deutscher Top-Manager der Wirtschaft, (Schriftenreihe der Identity Foundation, Band 2, ISSN: 167-6146), Düsseldorf 2001, (benutzt in der PDF Fassung, http://www.identityfoundation.de).

KANT, IMMANUEL, Werkausgabe, hg. v. Wilhelm Weischedel, Frankfurt am Main 1968.

KIESER, ALFRED, Moden & Mythen des Organisierens. In: Die Betriebswirtschaft 56 (1996) 1, S. 21-39.

KOCH-SCHEINPFLUG, REGINE, Senioren als Zielgruppe. In: Magazin Wirtschaft der IHK Region Stuttgart, 5/2002, S. 6-12.

KÖHLER, ANGELA. Nippons Manager brauchen Nachhilfe von den Indern. In: Stuttgarter Zeitung Nr. 16 vom 19. Januar 2002, S. 16.

KUHSE, HELGA; SINGER, PETER, Muss dieses Kind am Leben bleiben? Erlangen 1993.

KURZWEIL, RAY, Was bleibt vom Menschen? In: Die Zeit Nr.46, vom 11. November 1999, Leben, S. 6-7.

LUNDIN, STEPHEN; PAUL, HARRY; CHRISTENSEN, JOHN, FISH. Ein ungewöhnliches Motivationsbuch, Wien, Frankfurt 2001.

MACINTYRE, ALASDAIR, Die Anerkennung der Abhängigkeit. Über menschliche Tugenden, Hamburg 2001.

MALIK, FREDMUND, Führen. Leisten. Leben. Wirksames Leben für eine neue Zeit, München 2001 (Erstauflage 2000).

MANSTETTEN, REINER, Das Menschenbild der Ökonomie. Der homo oeconomicus und die Anthropologie von Adam Smith, Freiburg und München 2000.

MÜLLER, MOKKA, Das vierte Feld. Die Bio-Logik der neuen Führungselite, München 2001 (Neuauflage der 1998 im Mentopolis Verlag erschienen Ausgabe).

MÜLLER, MOKKA, Leiden für den Zukunftsmarkt. In: Süddeutsche Zeitung vom 19. August 2002, Nr. 190, S. 20.

OLFERT, KLAUS; STEINBUCH, PITTER A., Personalwirtschaft. Kompendium der praktischen Betriebswirtschaft, 8., aktualisierte und durchgesehene Auflage, Ludwigshafen 1999 (Erstauflage 1984).

POPPER, KARL, Logik der Forschung, Tübingen: Mohr, 10. Auflage 1994.

POSCH, WALTRAUD, Körper machen Leute. Der Kult um die Schönheit, Frankfurt und New York 1999.

RAGER, GÜNTHER (HG.), Beginn, Personalität und Würde des Menschen, (Grenzfragen; Bd. 23), Freiburg und München 1997.

ROHRHIRSCH, FERDINAND, Letztbegründung und Transzendentalpragmatik. Eine Kritik an der Kommunikationsgemeinschaft als normbegründender Instanz bei Karl-Otto Apel, Bonn 1993.

ROHRHIRSCH, FERDINAND, Menschenbild und Wirtschaft - Ist die Bahn noch ein zeitgemäßes Verkehrsmittel? In: SCHIENE (2001), Nr. 2, S. 30-37.

ROHRHIRSCH, FERDINAND, Zur Bedeutung des Menschenbildes für die Aus-Bildung an einer weltanschaulich orientierten Universität und die Anforderungen an die Philosophie. In: Raimund Joos (Hg.), Katholische Universität. Perspektiven – Erfahrungen – Visionen, Eichstätt 2002, S. 89-99.

ROHRHIRSCH, FERDINAND, Von Wassertropfen können Führungskräfte nichts lernen. In: IHK Magazin Wirtschaft der Region Stuttgart, Nr. 6/2002, S. 34.

RÜTTGERS, JÜRGEN, Schulen ans Netz. In: Die Zeit 39 (1997) vom 19. September 1997, S. 50.

SCHMUCK, PETER, Werte in der Psychologie und Psychotherapie, in: Verhaltenstherapie und Verhaltensmedizin 21 (2000) 3, S. 279-295.

SCHOLZ, HARTMUT; FISCHER, HELMUT, Innovationsfördernde Unternehmenskultur und zukunftsorientierte Personalführung bei Hewlett-Packard. In: Jürgen Fuchs (Hg.), Das biokybernetische Modell. Unternehmen als Organismen, Wiesbaden: 2. Aufl. 1994, S. 75-91.

SCHROEDER, OSKAR, Art. Fest und Feier. I. Religionswissenschaftlich. In: Lexikon für Theologie und Kirche, Bd. 4, Freiburg u.a. 1960, Sp. 99-101.

SCHULLER, FRITZ, Wissensaufbau erfordert eine offen Lernkultur. In: Personalwirtschaft 5/98, S. 27-30.

SCHULLER, FRITZ, Mitarbeiterentwicklung in Zeiten flacher Hierarchien. In: Personalführung 6/98 S. 14-18.

SCHUR, WOLFGANG; WEICK, GÜNTER, Wahnsinnskarriere. Wie Karrieremacher tricksen, was sie opfern, wie sie aufsteigen, München 2001 (Erstauflage 1999).

SESINK, WOLFGANG, Menschliche und künstliche Intelligenz. Der kleine Unterschied. Stuttgart 1993.

SIMON, FRITZ B., Die Macht des Verlierers. Warum der Sieg als Konfliktlösung langfristig nicht funktioniert. In: Süddeutsche Zeitung. Vom 14 Juli 2001, Feuilleton-Beilage: SZ am Wochenende, S. I.

SINGER, PETER, Praktische Ethik, Stuttgart 1984.

SPRENGER, REINHARD, Aufstand des Individuums. Warum wir Führung komplett neu denken müssen, Frankfurt/Main München 2000.

VOGELAUER, WERNER (HRSG), Coaching-Praxis. Führungskräfte professionell begleiten, beraten und unterstützen, Neuwied und Wien: Luchterhand und Manz, 3. Auflage 2000.

VOLLMER GERHARD, Wissenschaftstheorie im Einsatz, Stuttgart: Hirzel 1993.

WAGNER-LINK, ANGELIKA, 50plus – Ballast oder Leistungspotenzial? Die Kompetenzen älterer Arbeitnehmer. In: Politische Studien Sonderheft 2 / 2001, S. 70-83.

WIEGERLING, KLAUS, Medienethik, Stuttgart und Weimar 1998.

WIELAND, GEORG., Ethik als praktische Wissenschaft. In: Honnefelder, Ludger; Krieger, Gerhard (Hg.), Philosophische Propädeutik, Band 2 Ethik, Paderborn 1996, S. 19-70.

WREDE, BRITT A., So finden Sie den richtigen Coach. Mit professioneller Unterstützung zu beruflichem und privatem Erfolg, Frankfurt und New York 2000.

ZIMBARDO, PHILIPP G.; GERRIG, R. J., Psychologie. 7., neu übersetzte und bearbeitete Auflage, Berlin u.a.: Springer 1999.

Personenverzeichnis:

Adams, A. 30

Albert, H. 126, 127

Albert, S. 12

Apel, K.-O. 127

Becker, F.G. 6, 95, 96, 99, 101, 102, 103, 140

Berben, I. 33

Bleicher, K. 190

Borges, J. L. 180, 182

Bucher, A. J. 5, 130, 142

Buckingham/Coffman 141, 187, 188, 203

Bulmahn, E. 45, 54, 205, 206

Cher, 33

Croft, L. 21, 71, 74, 200

Deckstein, D. 81, 207

Descartes, R. 105, 116

Drewermann, E. 43

Enkelmann, N. 121, 197

Esser, M. 195

Faust, H. 154, 155

Ferstel, C. 74

Freyermuth, G. 58-65

Füser, K. 36, 44, 100, 203

Gandolfi, A. 85, 86

Gates, B. 38

Gerken, G. 121, 197

Gildo, R. 33

Goethe, J.W. 154, 155

Greene, R. 110

Habbel, R. W. 64, 171

Heidegger, M. 6, 12, 47, 67, 68, 72, 91, 111-120, 155, 157,159, 161-164, 172, 180, 204, 208-210

Heine, E. W. 60, 206

Herzog, R. 46, 205

Hewlett, B. 173

Höffe, O. 129

Hölderlin, 119, 172, 181, 206

Höller-Cladders, E.-M. 49

Homann, K. 36, 16, 203

Jauch, G. 205

Jesaja, 178

Jesus, 155

Jobs, St. 38, 39, 203

Johannes, Apostel 155

Kant, I. 7, 105, 106, 126, 127, 134-139, 208, 209

Kellner, H. 121

Kieser, A. 198

Kirchner, B. 27

Koch, M. 70, 74

Kurzweil, R. 38, 40, 41, 203

Lehenmeier, A. 19

Loren, S. 33

Lukas, Evanglist 155

Malik, F. 26, 121-127, 140, 197

Manstetten, R. 73

Maslow, 102

McGregor, 102

McIntyre, A. 90

Mehdorn, H. 66, 150, 171

Moravec, H. 40, 204

Müller, M. 22, 77, 81-90, 121, 171, 197, 207

Nietzsche, F. 72, 182, 210

Olfert/Steinbuch 93

Packard, D. 172-177

Peter, L. 188

Petrus, Apostel 155

Platon 67, 115

Popper, K. 104, 126, 127

Porter, E. 172

Posch, W. 34

Robo Cop 132, 133

Rosenstiel, L. v. 169

Rüttgers, J. 45, 205,

Salm, Chr. z. 66

Schmuck, P. 69, 70

Schuller, F. 170, 173-175

Schur/Weik. 77-79

Sheldrake, R. 83

Simon, F. B. 166, 167

Sommer, R. 66, 204

Sprenger, R. 28

Strunz, U. 35

Terminator 132, 133, 138

Turner, T. 33

Vogelauer, W. 154

Wagner-Link, A. 42, 204

Wiegerling, K. 49, 66, 206

Wieland, G. 143-144

Wrede, B. A. 153

Stichwortverzeichnis:

Alleinsein 62

Alltagsführung 110, 179, 180, 182

Altes Testament 178

Alter 22, 30, 33, 35, 37, 38, 43, 55, 71, 77
  Bewertung des Alters 42
  Altenheim, 179

Angst 34, 83, 163, 164, 178

animal rationale 18, 96, 136

Arbeit 93, 161, 168, 175, 185, 188, 193, 199
  - bedingungen 38
  - leben 52, 59
  - motivation 98, 99
  - situation 71, 98
  menschliche - 93

Attraktivität 35, 40
  - faktor 34

Autonomie 138, 141, 174, 184
  - verlust 199

Bahn (DB) 66, 149, 172, 188, 192

Belegschaft 94, 174, 176

Beraterkartell 110

Bildung 17, 29, 44-57, 60, 64, 65, 71, 77, 82, 158, 169, 178, 198
  - diskussion 55
  Allgemeinbildung 17, 19
  Gebildeter 29, 200

Biologie 38, 40, 43, 142

Chaostheorie 83

Coaching 20, 128, 153

Compaq 176

Computer 38, 40, 41, 44, 50, 102, 136, 137, 138, 203

Demotivierung 36, 119

Diözese Eichstätt 15

DSM 69

durch die Zeit 57, 153, 189, 194, 198

Effizienz 125, 195

Egozentrismus 70

Einsamkeit 62, 111

Einstellungswandel 57, 197

E-Learning 57, 169

Endlichkeit
  - des Menschen 180, 182, 183, 186, 194, 200

Enttäuschung 89

Erfolgskonzepte 199

Ertragskrise 176

Erziehung, 56, 57, 62
  Erziehungsprozess 54
  Erzieherinnen 55, 56

Ethik/Ethos 11, 15, 30, 66,
  110, 121-131, 142, 179
  Bereichsethik 121, 128, 179
  Medienethik 66
  ethischen Normen 128

Ewigkeit 58, 182

Existenz/Existieren des
  Menschen 43, 51, 119, 145,
  162, 163, 181, 200
  - berechtigung 91
  - konzept 63
  Standardexistenz 201

Fehlerkultur 170

Feier 58

Feng Shui 26

Fortschritt 14, 16, 33, 65, 91,
  100, 198

Freiheit 90, 106, 113, 119, 131,
  134, 141, 142, 184, 201

Freude 179, 182

Führung
  im Unternehmenskontext 9
  - alltag 110, 179, 180, 182

- aufgaben 123, 200
- eigenschaften 15, 43, 64
- elite 77, 82, 85, 86, 87, 88
- frage 14, 16-18, 21, 28,
  29, 30, 42, 56, 67, 109,
  159
- jammertal 29
- kompetenzen 182
- kontext 64, 107, 131
- konzepte 17, 141, 166, 183
- kraft 20, 21, 25, 27, 29, 52,
  99, 119, 123, 131, 162
- literatur 15, 100, 109, 113,
  114
- persönlichkeit 19, 22, 29,
  30, 31, 88, 108, 109, 122,
  124, 141, 143, 147, 148,
  160, 165, 168, 175, 180,
  182, 197, 199, 200
- philosophien 19, 194
- qualitäten 19, 154
- ratgeber 18, 183
- theorie 123, 201
- trends 20, 28
- verantwortung 11, 121
- wissen 21, 33, 42, 43, 194

Gemeinschaft 22, 53, 58, 69,
  118, 119, 165, 166, 168, 172,
  176

Gerede 158, 159, 160, 161, 162

Geschichte 39, 43, 65, 78, 89,
  90, 91, 122, 146, 167, 195

Gesetzmäßigkeit 105

Gesprächsführung 29, 155

Glaubenskrise 176

Globalisierung 56, 65, 67, 171

Glück 74, 75, 182

Grund
- annahmen 21, 71, 73, 74, 77, 109, 126
- entscheidungen 71, 126
- fragen 21, 52, 69, 183
- haltung 200

Gut und Böse 128

das Gute 130, 145

Handlung/en
- bedingungen 111
- empfehlungen 114
- imperative 121
- kompetenz 48, 102
- orientierungen 111
- technik 43, 50
- vorgaben 114

Hanns-Seidel-Stiftung 15

Hasselblad 29

Hedonismus 70

Held 167

Herrschaft 67, 164, 168

Herstellbarkeit 72, 74, 75, 120

homo oeconomicus 72, 73, 115

HP 169, 170, 171, 172, 173, 175, 176, 177, 178

Humanressource 27

Ich-Konzept 88
wahres Ich 89

Identität 59, 63, 65, 69, 72, 89, 90, 91, 133, 146

Individualisierung 63

Information
- austausch 53, 150
- felder 84
- technologien 15, 44, 46, 49, 52, 58, 62

Internet 44, 46, 56, 63, 158, 169, 170, 192

Japan 68, 194, 195

Jungsein 35, 41

Karriere 29, 70, 75, 77, 78, 79, 80, 188, 189, 194
- planung 80
- typologien 183

Karrierist 29, 78, 79, 125, 126

Katholische Universität 15

Kausalität
- schema 105
- vorstellungen 106

Kernkompetenz 88, 89

Kindergarten 50, 54, 55, 56

Kommunikation 62, 71, 82, 147, 149, 167, 189

Kontrollverlust 132

Kritische Rationalismus 126, 127

Laborator Garnier 34

Leben(s)
- haltungen 57
- kontext 14
- wirklichkeit 45, 129, 142, 182
- zeit 70, 181, 185

Lehrer 5, 51, 53, 56, 118, 119, 155, 189

Leid 89

Leistung
- steigerung 96, 97, 99, 106, 108, 132, 166
- träger 22, 37, 93, 96, 98, 99, 100, 101, 103, 106
Automaten- 185, 200

Lokführer 15, 191, 192

Macht 29, 69, 70, 77, 78, 81, 110, 125, 147, 166, 197, 199, 200
- zuwachs 18, 79

Management
- beruf 124
- literatur 53

- methode 100
- techniken 108

Manager 21, 25-27, 34, 81, 82, 121-128, 141, 143, 147, 160, 186-191, 198
- berufs 82

Medienkompetenz 45, 46, 48, 49

Meister(sein) 29, 30, 31, 74, 148, 193

Mensch(en)
- bild 17, 21, 27, 30, 33, 38, 41, 60, 70, 75, 79, 94, 184
- als Abbild Gottes 96
- als Ding 74
- als Evolutionsprodukt 14, 38, 69
- als Mittel zum Zweck 19, 95, 140, 141, 199
- als prinzipielle Verlierer 168
- als Zweck an sich 140
Begrenztheit/Endlichkeit des Menschen 179-195
Wesen des Menschen 27, 96, 97, 108, 117, 124, 162, 199

Metaphysik 111, 116, 120, 139

Moral 127, 129
moralisches Fundament 125
Theorie von Moral 121

Morphische Felder 86

Motivation 23, 26, 98, 99, 100,
103, 108, 168, 179, 184
- anreizsysteme 101
- erkenntnisse 99
- industrie 102
- prozesse 102
- strategien 103
- technik 201
- theorie 98
- trainer 100

Motivierung
- offensive 27
- strategien 27
- technik 27

MTV 66

Nähe 57, 61, 62, 68, 69

Neugier 54, 160, 161, 162, 163

Neun Live 66

New Economy 28, 64, 198

Normen 95, 121, 128, 130, 145

n-tv 74

Nutzbarkeit 74, 164
Streben nach maximalem
Nutzen 73, 74

Ökonomie 58, 66, 72, 171, 198
ökonomische Selbstaus-
legung 74

Orientierung
- kompetenzen 110
- wissen 49

Ortlosigkeit 68, 70

Personal
- beurteilung 96
personale Begegnung 201
- entwicklung 95
- lehre 96, 98, 99
- management 103, 195
- verantwortung 25
- wirtschaft 93

Personsein 108, 135, 136, 138,
139

Philosophie
- geschichte 67, 135
Philosophien 21, 26, 33, 195
Fachphilosophen 12
- als Zweideutigkeit 112,
160, 161, 162
philosophische Nachdenken
10
Philosophieren 17, 97, 108,
112, 114-116, 119, 120,
137

Planbarkeit 72, 74, 75, 120

Politiker 48

Praktische Vernunft 90, 106

Priester 15

Prinzipien 17, 109, 129, 130

Psychologie 22, 97, 101, 102,
104, 105, 156
Gegenstand der - 104

Rationalität 18, 114, 126
- kriterien 105
Sofortrationalität 20

Real Player 63, 68

Religion 197

Rhetorik 29, 79, 149, 155, 176

Robert Bosch GmbH 49

Roboter 41, 132, 133

Sache
Ansprüche der - 199
Diener der - 168, 175

Schönheitsoperation 34

Schuld 27, 133, 137, 171, 182

Schule 43, 45, 50, 51, 52, 54,
55, 56

Selbst 13, 43, 60, 88, 89, 163,
164, 180, 208
- annahme 89, 199, 200
- aufgabe 199
- bestimmung 195
- denken 135
- erkenntnis 36, 42, 89, 199,
200
- gestaltung 90
- kontrolle 42
- leben 110
- programmierung 88, 89,
187
- verhältnis 16, 168
- verpflichtung 125

Senioren als Zielgruppe 37,
203

Sieger 23, 165, 166, 167, 168
- metaphern 166, 168

Sinn 51, 64, 70, 79, 87, 91,
118, 124, 131, 154, 155, 165,
172, 181, 182, 185
- fragen 71, 154

Sollen 52, 130

Sprache als Werkzeug 159-164
Sprachkulturen 169

Stetigkeit 108, 192

System
komplexes System 85, 86

Talent 126, 175, 194

Technik 21, 27, 28, 29, 33, 38,
44, 57, 58, 62, 72, 97, 147,
199

Telekom 66

Theoretische Vernunft 106

Tod 41, 51, 182

Transnationale 65, 68
- Lebensformen 65

Universität 53, 54, 55, 56, 98

Unsterbliche 180, 181, 182

Unternehmen
- im Kopf 84
- bedürfnisse 93

- gemeinschaft 70
- interessen 78, 79
- kultur 84, 168, 169, 171, 172, 178

Verantwortung 48, 49, 51, 56, 66, 125, 126, 127, 147, 174, 176, 192, 201

Verfügbarkeit 74, 75

Verhalten
- kontrolle 97
- sicherheit 110

Vodafone 57

Volkswirtschaft 35, 37, 56

Wahrheit 67, 85, 87, 104, 115, 119, 123, 160

Weisung
- befugnis 150, 168, 174, 175
- gebundenheit 174

Weiterbildungsindustrie 25

Welt
- anschauung 111, 114
- marken 64, 65
- sprache 157
- umgang 97
Weltbild 67, 83

Neuschaffung eines Weltbildes 83

Wille 51, 78, 106, 141, 142, 184
- akt 125

Wirklichkeit 47, 50, 51, 65, 75, 85, 88, 94, 104, 109, 114, 130, 133, 159, 160, 167, 179

Wirtschaftsjunioren Stuttgart 26

Wissenschaft 18, 22, 33, 93, 97, 101, 104, 105, 111, 112, 113, 114, 116, 117, 123, 131, 157
- Erklärungen 106
- Methode 36, 105
neuzeitliche - 105

Wissensgesellschaft 44-46, 48

Wissensmanagement x

Work-Life-Balance 68

Würde 22, 74, 108, 112, 128, 131, 132, 134, 135, 136, 137, 138, 140, 141, 175, 184, 200, 201
Würdeauszeichnung 136, 137, 138, 139, 185

XY-Theorie 27, 102

Der Autor

Ferdinand Rohrhirsch

Jahrgang 1957, machte nach dem mittleren Schulabschluss eine Ausbildung bei der Deutschen Bundesbahn und arbeitete dort im mittleren Dienst.

Über den zweiten Bildungsweg studierte er Theologie und Philosophie an der Katholischen Universität Eichstätt.

Von 1988 bis 2002 war er dort am Lehrstuhl für Praktische Philosophie und Geschichte der Philosophie (Prof. Dr. Alexius J. Bucher) tätig als Wissenschaftlicher Mitarbeiter, Assistent, Oberassistent und Privatdozent. In dieser Zeit: Promotion zum Dr. theol. (Normbegründung, 1992) und Habilitation zum Dr. theol. habil. (Wissenschaftsphilosophie, 1996). 2003 erfolgte die Ernennung zum außerplanmäßigen Professor für Philosophie.

Rohrhirsch lehrt am Masterstudiengang „Werteorientierte Personalführung und Organisationsentwicklung" (Master of ethical Management) an der Katholischen Universität Eichstätt-Ingolstadt. Von 2005 bis 2010 gehörte er dem erweiterten Dozentenkreis des Interfakultativen Instituts für Entrepreneurship (Prof. Götz W. Werner, dm-drogeriemarkt) an der Universität Karlsruhe (TH) an.

Er ist freiberuflicher Coach und Berater. In seiner Vortrags-, Seminar- und Beratungstätigkeit befasst er sich vorrangig mit Führungs- und Unternehmensethik. Sein Buch „Führung und Scheitern" ist 2009 ebenfalls bei Gabler erschienen.

Weitere Informationen unter: http://www.ferdinand-rohrhirsch.de